职业院校电子商务类"十三

电子商务案例分析

第 2 版 视频指导版

华晓龙 程艳红◎主编　刘桓 刘曼璐◎副主编

人民邮电出版社
北京

图书在版编目（CIP）数据

电子商务案例分析：视频指导版 / 华晓龙，程艳红
主编. -- 2版. -- 北京：人民邮电出版社，2020.4（2023.2重印）
职业院校电子商务类"十三五"新形态规划教材
ISBN 978-7-115-52408-9

Ⅰ. ①电… Ⅱ. ①华… ②程… Ⅲ. ①电子商务—案
例—高等职业教育—教材 Ⅳ. ①F713.36

中国版本图书馆CIP数据核字（2019）第240651号

内 容 提 要

本书内容基本覆盖了目前电子商务的各个方面，共 11 章，包括引言、B2C 电子商务案例分析、B2B 电子商务案例分析、C2C 电子商务案例分析、C2B 电子商务案例分析、O2O 电子商务案例分析、商业模式创新案例分析、移动电子商务案例分析、跨境电子商务案例分析、农村电子商务案例分析和电子商务企业创新案例分析。本书注重内容的实用性和实战性，选取具有代表性的电子商务企业案例进行分析，让学生在真实案例中探索与学习。每个案例后都有思考题，供师生在学习过程中互动讨论。章末附有拓展案例，供学生课后阅读。

本书适合作为高等院校、职业院校电子商务专业"电子商务案例分析"相关课程的教材，也可作为电子商务培训教材，还可供电子商务、国际贸易等行业的从业人员参考、学习。

◆ 主　　编　华晓龙　程艳红
　　副 主 编　刘　桓　刘曼璐
　　责任编辑　侯潇雨
　　责任印制　王　郁　马振武

◆ 人民邮电出版社出版发行　　北京市丰台区成寿寺路 11 号
　　邮编　100164　　电子邮件　315@ptpress.com.cn
　　网址　http://www.ptpress.com.cn
　　三河市祥达印刷包装有限公司印刷

◆ 开本：787×1092　1/16
　　印张：12.5　　　　　　　　　2020 年 4 月第 2 版
　　字数：254 千字　　　　　　　2023 年 2 月河北第 6 次印刷

定价：39.80 元

读者服务热线：（010）81055256　印装质量热线：（010）81055316
反盗版热线：（010）81055315
广告经营许可证：京东市监广登字 20170147 号

PREFACE 前 言

近年来，电子商务发展迅速，已经成为推动我国经济增长的重要引擎。据统计，2018年，全国电子商务交易额已经达到31.63万亿元，同比增长8.5%，电子商务从业人员达4 700万人，同比增长10.6%。随着《中华人民共和国电子商务法》的正式实施，我国电子商务将更加规范，企业对于电子商务类技术技能型人才的需要将更为紧迫。

电子商务案例分析对学生了解电子商务的发展、演变以及进行创新创业实践具有非常大的指导作用。2015年出版的《电子商务案例分析》一书得到读者广泛好评。由于电子商务的发展日新月异，无论是电子商务的内涵、技术、营销手段还是电子商务企业的商业模式，与几年前相比都发生了很大的变化。基于此，编者进行了改版。一方面希望能让更多学生了解电子商务企业最新的商业模式和实践成果，以便他们走向社会后能更好地服务企业；另一方面也可以为电子商务企业从业人员提供创新性的启示和方向。

本书编写思路明确，内容的广度和深度把握合理，知识体系完整，案例选取具有代表性，基本覆盖目前电子商务的各个方面。本书主要有以下特点。

1. 实用性

编者基于原有的知识结构和应用逻辑，选取了30多家电子商务企业进行分析，不仅考虑了企业的知名度，还考虑了企业商业模式的可模仿性，让学生能够在学习过程中有所领悟。每一章的拓展案例，基本都是一些小微电子商务企业在短时间内成长起来的案例，其成功技巧容易被电子商务从业者所应用。

2. 实战性

本书避免了重理论知识、轻实战应用的弊病，以不同模式的电子商务案例为主线，所选取的案例都来源于实际的企业，可以更好地拓展学生的职业素养，提升其综合实践能力。

3. 创新性

本书打破了以往常见的教材形式，没有长篇的知识理论介绍和烦琐的技术分析，更多的是将理论穿插在实际企业的案例中，力图做到语言凝练、图文简洁、通俗易懂。

本书改版的改进之处主要有：在电子商务模式方面，增加了C2B模式的电子商务案例分析；在电子商务范围方面，增加了目前热门的跨境电子商务案例分析和农村电子商务案例分析；在原有案例的基础上，增加了苏宁易购、美团网、滴滴出行等10多个比较成功的电子商务企业案例；还增加了社群电商、微店微商等商业模式的企业案例。与此同时，本书还调整了各章节的顺序，进一步丰富了拓展案例，以便学生能够更加系统地掌握电子商务企业的运营模式。

本书由华晓龙、程艳红担任主编，刘桓、刘曼璐担任副主编，具体编写分工为：第1~6章由华晓龙编写；第7章、第8章、第11章由程艳红编写；第9章由刘曼璐编写；第10章由刘桓编写。

本书是江苏高校品牌专业建设工程资助项目（TAPP）的成果之一，是苏州经贸职业技术学院师生以及合作企业共同努力的结果。本书在编写过程中，得到了苏州经贸职业技术学院毕业学子，以及苏州集优美日化有限公司等企业电商部员工的支持，在此表示感谢。

编者
2019年7月

CONTENTS
目 录

第11章
电子商务企业创新案例分析

第1章

引言

本章学习目标

◆ 了解电子商务的发展历程及现状

◆ 了解电子商务的应用领域及影响

电子商务的概念主要源于以下三个方面。互联网：互联网的雏形 **ARPAnet** 诞生于美国，1969 年正式投入运行，主要用于国防和研究事业。市场营销：19 世纪末 20 世纪初，市场营销的雏形逐渐在美国形成，着重推销术和广告术。物流：20 世纪初，西方国家发生了生产过剩与需求相对不足的经济危机，竞争的加剧使人们开始关注分销工作，萌发了物流这个概念。

从学术研究的角度来解释电子商务，可以将其界定为一个具有交叉学科属性的新兴学科。经过多年的发展，电子商务逐步形成了自己的学科范式，建立了自己的学会，拥有自己的期刊，形成了从专科到博士的人才培养体系。同时，形成了三个稳定的研究方向：面向电子商务企业微观经济的研究，其研究内容包括电子商务企业运营、模式创新等；面向网络买家行为的研究，其研究内容包括买家特征分析、买家统计等；面向电子商务技术的研究，其研究内容包括商务数据挖掘、网站美化等。

本书主要从电子商务运营的角度，对成功的电子商务案例进行剖析，以便学生借鉴成功的商业模式。通过对电子商务案例的学习，以便学生不仅可以了解知名电子商务企业的情况，更能从中学习电子商务企业成功的经验，总结其创新模式。

1.1　电子商务的发展历程及现状

1.1.1　我国电子商务的发展历程

1997 年，中国化工信息网正式在互联网上提供商务服务，这被人们看作我国电子商务的正式发端。二十多年来，伴随着我国国民经济的快速发展以及社会信息化的不断进步，我国电子商务行业虽然历经曲折，却仍然取得了骄人的成绩。2018 年，全国电子商务交易额已经达到 31.63 万亿元，同比增长 8.5%。

纵观二十多年的电子商务发展历程，我们可以将其划分为三个历史阶段。

1. 初创期（1997—2002年）

互联网虽然是舶来品，却受到人们的热切期待。加之此时美国网络热潮兴起，也促使我国互联网得以快速发展，中国化工网、8848、阿里巴巴、易趣网、当当网、美商网等知名电子商务网站很快在最初的几年时间里发展起来。然而，由于这段时期我国信息化发展水平仍然较低，社会大众对电子商务仍然缺乏了解和信任，电子商务发展相对缓慢。不过，这段时期的经历为我国电子商务发展打下了很好的基础，营造了很好的社会舆论和环境。

2. 快速发展期（2003—2007年）

2003 年，电子商务的发展获得了难得的历史机遇，支撑电子商务发展的一些基础设施也在这期间发展起来。2003 年，阿里巴巴投资建立淘宝网，并推出了"支付宝"。2007 年 6 月，国家有关部门发布《电子商务发展"十一五"规划》，这是我国第一个电子商务发展规划，也是首次在国家政策层面确立了发展电子商务的战略和任务。

3. 创新发展期（2008年至今）

2008 年以来，我国电子商务仍然以较高的速度增长。这个时期的特点是：我国电子商务初步形成了具有中国特色的网络交易方式，电子商务企业竞争激烈，电商产业初步成型。规模较大的电子商务企业纷纷开始构建生态系统，为商家和买家提供交易、支付、物流等各方面、全周期的支持与服务。各大电商平台与平台商家之间的依存越来越紧密，阿里系、腾讯系、百度系、京东系等主体均取得了显著规模效益。

1.1.2 我国电子商务的发展现状

1. 电子商务产业发展驶入快车道

（1）电子商务规模化发展。近年来，我国电子商务交易额增长率一直保持快速增长势头，网络零售市场更是发展迅速。2018 年，全国网上零售额达到 9.01 万亿元，同比增长 23.9%，电子商务从业人员达 4 700 万人，同比增长 10.6%。其中，实物商品网上零售额达到 7.02 万亿元，同比增长 25.4%，对社会零售消费增长的贡献率达到 45.2%。电子商务已经成为拉动国民经济保持快速可持续增长的重要动力。

（2）跨境电子商务获得高速发展。我国中小外贸企业的跨境电子商务逆势而上，多年保持 30% 的年均增速，出现了一站式推广、平台化运营、网络购物业务与会展相结合等模式，有力推动了跨境电子商务的纵深发展。2018 年，海关通过系统验放的跨境电子商务进出口商品总额达到 1 347 亿元，同比增长 50%。

（3）电子商务服务业的快速兴起。我国电子商务快速增长，初步形成了功能完善的业态体系。电子商务的不断普及直接带动了物流、金融和 IT 等服务类型的行业发展，带动了与之配套的第三方支付、电子认证、网络信息安全、网络保险等电子商务生态圈中各子业态的发展。大量的电子商务服务商，带动供应链上各节点的发展，辅助性电子商务服务派生出一些新的服务行业。2018 年，电子商务服务业营收规模达到 3.52 万亿元，同比增长 20.3%。

（4）电子商务渗透率持续升高。信息技术的快速发展为电子商务应用提供了坚实的基础，传统零售企业纷纷进军电子商务市场。全国广大农村涌现出一批淘宝店，一些村庄围绕自身的资源、市场优势，开展特色电子商务应用。2018 年，农村网络零售额达到 1.37 万亿元，同比增长 30.4%，全国农产品网络零售额达到 2 305 亿元，同比增长 33.8%。

2. 中国电子商务发展呈现新的特点

我国电子商务在引领数字经济、促进全面开放、推动深化改革、助力乡村振兴等方面都发挥了重要作用，成为数字经济中发展最活跃、最集中的部分。

（1）引领数字经济，壮大发展动能。大数据、云计算、人工智能、虚拟现实等数字技术为电子商务创造了丰富的应用场景，不断催生新的营销模式和商业业态。大数据、人工智能、区块链等数字技术与电子商务加快融合，将构建更加丰富的交易场景；线上电子商务平台与线下传统产业、供应链配套资源加快融合，将构建更加协同的数字化生态；社交网络与电子商务运营加快融合，将构建更加稳定的用户关系。数字化将全面推进零售业态创新，提升用户体验，零售业竞争力逐步从经营商品向经营用户、经营场景转变。电子商务将进一步促进工业制造及供应链数字化转型，成为推进工业互联网的重要突破口。

（2）促进全面开放，拓展全球协作。跨境电子商务方面，进出口政策利好不断。商务部等 14 部委联合推动跨境电子商务综合试验区"两平台、六体系"的建设。国际合作方面，我国已经与澳大利亚、新西兰、俄罗斯、巴西等 15 个国家（地区）建立双边电子商务合作机制。我国还积极参与亚太经合组织、上合组织、金砖国家、二十国集团、世贸组织等多边贸易机制和区域贸易安排框架下的电子商务议题的磋商。

（3）推动深化改革，优化规制环境。《中华人民共和国电子商务法》于 2019 年 1 月 1 日正式施行。电子商务与物流快递协同发展取得新经验，试点城市在优化快递车辆管理制度、快递末端服务创新等方面取得了突出成效。商务大数据建设取得重要进展，覆盖主要平台、主要领域的电子商务统计分析和运行监测体系初步形成。电子商务示范体系持续完善，商务部对 100 家电子商务示范基地开展综合评估，组织 238 家电子商务示范企业签署诚信经营承诺书。

（4）助力乡村振兴，加快精准扶贫。政府层面，商务部会同有关部门提出了一系列促进农村电子商务发展的政策措施。2014—2018 年，累计建设电子商务进农村综合示范县 1 016 个，其中，国家级贫困县 737 个，占国家级贫困县总数的 88.6%。企业层面，阿里巴巴、京东、苏宁、一亩田、时行生鲜、乐村淘、云田等电子商务企业积极响应商务部号召，在解决部分地区鸡蛋、水果"难卖"等问题上开展了大量工作，取得积极成效。多家电子商务企业开设了"扶贫频道"，贡献出宝贵的流量资源，帮扶贫困地区销售农产品。

1.2　电子商务的应用领域及影响

▌1.2.1　电子商务的应用领域

电子商务的应用领域主要包括综合电子商务、社区电子商务、跨境电子商务、农村电子商务、行业电子商务和返利导航电子商务等。2018 年电子商务创新企业 100 强业态分布如图 1-1 所示。

电子商务					
综合电子商务25	行业电子商务32	社区电子商务20	返利导航电子商务14	跨境电子商务7	农村电子商务2
综合电子商务25 淘宝 京东 亚马逊购物 唯品会 苏宁易购 当当 聚美优品 蘑菇街 惠民网 万达电子商务 飞凡网 58到家 卷皮 便利蜂 转转 1号店 国美在线 YOHOBuy有货 楚楚街 飞牛网 东方购物 掌合天下 网易严选 必要	**母婴电子商务7** 淘孩子王 宝宝树 蜜芽 贝贝 **汽车电子商务7** 瓜子二手车 优信二手车 大搜车 人人车 二手车之家 **酒水电子商务2** 酒仙网 1919 **服装电子商务2** 麦包包 LC风格网 **医药电子商务2** 1药网 叮当快药 **其他电子商务12** 土巴兔 找钢网 波奇宠物 摩贝网	**综合电子商务25** 易果生鲜 美菜网 每日优鲜 中粮我买网 天天果园 本来生活 食行生鲜 盒马鲜生 U掌柜 宋小菜 格格家 极鲜网 好鲜生 鲜直达 美团 饿了么 口碑 淘票票 拼多多 拼好货	**电子商务导航6** 口袋购物 折800 半糖 什么值购买 精明购 精选速购 **返利优惠6** 淘扮吧 米折 闪电降价 多点 返利网 优品汇 **返利导航综合2** 穿衣助手 柚子街	**跨境电子商务综合7** 网易考拉海购 小红书 洋码头 豌豆公主 达令 Kilimall 西集网	**农村电子商务2** 汇通达 淘实惠

图1-1丨电子商务创新企业100强业态分布

综合电子商务：综合电子商务是以综合电子商务网站为运营平台的电子商务模式。

行业电子商务：行业电子商务是在某一个行业或细分市场深化运营的电子商务模式。行业电子商务经营的商品是同一类型的商品，多为从事同种商品的企业对个人（Business to Customer，B2C）或者企业对企业（Business to Business，B2B）业务，其业务都是针对同类商品的。

社区电子商务：社区电子商务是基于社区开展的电子商务，是在传统电子商务、线上线下打通基础上的升级，进一步拓展了互联网在人们生活中发挥的作用。社区电子商务中的每一个社区分站均可独立提供诸如餐饮、便利店、水果、鲜花、租房、家政、婚庆、旅游等本地生活服务的多功能应用，方便运营者快速聚拢本地企业、商家、社区机构等信息资源。

返利导航电子商务：返利导航电子商务与其他电子商务企业合作，一方面给买家进行返利优惠，一方面给商家带来流量。

跨境电子商务：跨境电子商务是指分属不同关境的交易主体，通过电子商务平台达成交易、进行支付结算，并通过跨境物流送达商品、完成交易的一种国际商业活动。

农村电子商务：农村电子商务是通过网络平台嫁接各种服务于农村的资源，拓展农村信息服务业务、服务领域的电子商务，包括网上农贸市场、数字农家乐、特色旅游、特色经济和招商引资等服务。

1.2.2　电子商务产生的影响

电子商务正在改变"按需定制"的生产模式、"线上销售"的销售模式、"创业式"的就业模式、"货比三家"的消费模式、"无领式"的生活模式。其作为实体经济和网络经济融合发展的重要桥梁，自诞生之日起就与管理制度的改革和技术创新同步，助力经济社会运行方式的变革。产业结构优化升级和经济社会转型发展对电子商务发展提出了新需求，同时也赋予了电子商务新的价值功能，电子商务成为推动未来经济发展和社会变迁的重要力量。电子商务产生的影响如下。

1．对经济的影响

（1）电子商务对经济信息化的影响。电子商务的出现，使网络发展变得迅速，经济信息化程度明显提升，经济的运转加速。电子商务改变了传统的市场结构，买家的网上购物、商户之间的网上交易和在线电子支付等信息化活动得到加强。

（2）电子商务对经济波动的影响。从宏观来看，信息作为调节资源优化配置的"第二只看不见的手"，补充了市场价格机制失灵的空缺，使经济运行趋于稳定。

（3）电子商务对经济增长的影响。以电子商务为代表的信息技术发展呈增长趋势，已成为经济增长的加速剂和重要内容。在很多情况下，信息多被视为不具排他性的公共产品，一旦成为现实生产力，就能以无成本的方式迅速扩散和传播，产生连锁反应，带动生产力迅速提高，从而推动整个国民经济的飞速发展。

2．对物流的影响

（1）供应链短路化。在传统的供应链渠道中，产品从生产企业流到买家手里要经过多层分销商，时间很长，由此造成了很多问题。电子商务缩短了生产厂家与最终用户之间供应链上的距离，改变了传统市场的结构。企业可以通过自己的网站绕过传统的经销商，与客户直接沟通，不需要设置多层实体分销网络，也不需要存货，因此降低了流通成本，缩短了流通时间，使物流路径短路化。

（2）供应链中货物流动方向由"推动式"变成"拉动式"。传统的供应链，由于供销之间的脱节，供应商难以得到及时而准确的销售信息，因此只能对存货管理采用计划方法，存货的流动是"推动式"的。在电子商务环境下，供应链实现了一体化，供应商与零售商、买家通过互联网连在了一起，通过销售时点信息系统等软件，可以及时且准确地掌握产品销售信息与买家信息。此时，存货管理采用反应方法，按所获信息组织产品生产和对零售商供货，存货的流动变成"拉动式"，可以完全消除采用计划方法的缺点，并实现销售方面的"零库存"。

3．对企业的影响

（1）改变了企业的竞争方式。电子商务改变了上下游企业之间的成本结构，从而让上下游企业之间的战略联盟更加密切。这不仅给买家和企业提供了更多的选择消费与开拓销售市场的机会，而且提供了更加方便、密切的信息交流场所，提高了企业把握市场和买家了解市场的能力。

（2）改变了企业形象的竞争模式。电子商务为企业提供了一种可以全面展示其产品和服务的品种和数量的虚拟空间，能够提高企业知名度和商业信誉。网上企业可以为买家提供品种齐全的商品、诱人的折扣、灵活的条件，以及可靠的安全性和友好的网页界面，在线购物者不一定非购买名牌产品不可。因此，非名牌企业可以与名牌企业形成一种新的竞争。通过电子商务，企业的形象可以重新建立。

（3）改变了企业的营销方式。一方面，改变厂商的广告方式，由于网上广告的传播范围更为广泛，且广告费用相对较低，厂商的广告方式向网上转移；另一方面，改变品牌的塑造方式，借助网络，不知名品牌进入市场的机遇之门正在打开，借助网络塑造品牌效果显著。

4．对个人的影响

电子商务不仅可以为企业带来直接的经济效益，而且可以节省社会财力和物力。电子商务作为一种创新的经济运作方式，其发展正在改变着社会经济生活的各个方面，对全球经济、企业、政府及个人生活等都产生了深刻的影响。

（1）电子商务改变了人们的生活方式。电子商务降低了企业的管理成本和交易成本，省去了许多传统销售的中间环节，直接是生产商和买家的交易，从而使商品价格大大降低，符合买家的需求心理；网购使买家不再奔波于商场和商店，省时省力；在购买商品的同时可以顺便了解很多其他商品行情；有些电子商务网站往往会通过独特的商品摆放方式，吸引买家购买额外的商品；网店里往往会有买家在实体店中没有或者没见过的商品，让买家耳目一新，且足不出户就可货比三家。

（2）电子商务改变了人们的学习方式。随着互联网的广泛应用，远程教学、网络学院层出不穷。网上学习资源丰富，人们可以根据自身需要在网上寻找适合自己的学习资料，极大地促进了教育的多元化发展，使自学成为一种时尚。

（3）电子商务改变了人们的工作方式。由于电子商务具有快捷、安全和广域的特点，因此人们的办公方式又多了一种选择：营销人员可以在网上进行商务洽谈、合同签订等商务活动；管理者可以在任何地方通过电子商务支持系统进行产供销的管理。

总之，电子商务的发展促使各行各业的分工发生变化，随着网上消费的增加，物流配送业和信息服务业也得到了快速发展。

本章总结

　　我国电子商务发展迅速，2018 年电子商务交易额已经达到 31.63 万亿元，同比增长 8.5%，其中网上零售额达到 9.01 万亿元，同比增长 23.9%。我国电子商务在引领数字经济、促进全面开放、推动深化改革、助力乡村振兴、带动创业创新等方面发挥越来越重要的作用，对经济和社会发展产生巨大的影响。我国电子商务的应用领域主要包括综合电子商务、社区电子商务、跨境电子商务、农村电子商务、行业电子商务等，其商业模式通过不断推陈出新，为我国经济社会发展注入新的活力。

课后练习

1. 电子商务的应用领域有哪些?
2. 联系生活实际，谈谈电子商务对社会的影响。

第2章

B2C电子商务
案例分析

本章学习目标

◆ 了解B2C模式的定义、分类及优势

◆ 掌握企业开展B2C电子商务的基本流程

◆ 能够参与设计企业B2C业务

2.1 基本知识点

2.1.1 B2C模式的定义

企业对客户（Business to Customer，B2C）模式是电子商务的一种模式，也就是我们通常说的直接面向买家销售产品和服务的商业零售模式。这种形式的电子商务一般以网络零售业为主，主要借助于互联网开展在线销售活动。B2C 模式企业通过互联网为买家提供一个新型的购物平台——网上商店，买家通过互联网在线购物、在线支付。B2C 模式网店如图 2-1 所示。

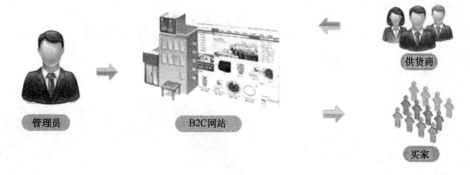

图2-1 | B2C模式网店

2.1.2 B2C模式的分类

1. 综合型B2C模式

综合型 B2C 模式以综合型 B2C 电子商务网站为运营平台，搭建综合型 B2C 商城。B2C 电子商务网站的运营需要特别注意商品的陈列展示、信息系统智能化等方面的问题。对于新老客户的客户关系管理，综合型 B2C 商城需要精细化客户体验的内容，提供更加人性化、直观化的服务。此外，还要选择较好的物流合作伙伴，增强物流实际控制权，提高物流配送服务质量。这种模式的代表平台为京东商城。

2. 垂直型B2C模式

垂直型 B2C 模式以垂直型的 B2C 电子商务网站为运营平台，需要在核心领域内继续挖掘新亮点。垂直型 B2C 电子商务企业应积极与知名品牌生产商沟通与合作，化解与线下渠道商的利益冲突，扩大产品线与产品系列，完善售前、售后服务，提供多样化的支付手段。垂直型 B2C 电子商务企业运营商涉足不同行业，需要规避多元化的风险，避免资金分散。垂直型 B2C 电子商务企业应该慎重考虑投入其他行业，可以将资金放在物流配送建设上。此外，还可以尝试探索"物流联盟"或"协作物流"模式，若资金允许也可逐步实现自营物流，保证物流配送质量，增强用户的黏性，将 B2C 电子商务网站的"三流"完善后再寻找其他行业的商业机会。这种企业的代表平台为聚美优品。

3. 零售型B2C模式

零售型 B2C 模式往往存在于传统零售企业。传统零售商通过自建 B2C 电子商务网站销售，将丰富的零售经验与电子商务有机地结合起来，有效地整合传统零售业务的供应链及物流体系，通过业务外包解决经营 B2C 电子商务网站所需的技术问题。代表平台如苏宁易购。

传统零售商需要协调企业原有的线下渠道与 B2C 电子商务网站平台的利益，实行差异化销售，如网上销售所有产品系列，而传统渠道销售的产品则体现地区特色；实行差异化价格，不同的时间段，线下与线上的商品定价不同。线上产品也可通过线下渠道完善售后服务。传统零售商要着重考虑买家的需求感觉，同时大力吸收和挖掘网络营销精英，培养电子商务运作团队，建立和完善 B2C 电子商务平台。

4. 第三方交易平台型B2C模式

第三方交易平台型 B2C 模式代表平台为天猫，这类平台可以帮助中小企业甚至个人，实现自主创业，独立运营一个互联网商城，达到快速盈利的目的，而且只需要很低的成本就可以实现。从以往的经验来看，B2C 电子商务模式的发展受到的制约因素较多，但中小企业在人力、物力、财力有限的情况下，加入第三方交易平台不失为一种拓宽网上销售渠道的好方法。中小企业首先要选择具有较高知名度、点击率和流量的第三方 B2C 电子商务交易平台；其次，要聘请懂得网络营销、熟悉网络应用、了解实体店运作的网店运营团队；最后，要以长远发展的眼光看待网络渠道，增加产品的类别，充分利用实体店的资源、既有的仓储系统、供应链体系以及物流配送体系发展。

5. 纯网络商户型B2C模式

纯网络商户指只通过 B2C 电子商务网站销售产品的商家，纯网络商户没有线下实体店。纯网络商户的销售模式主要有自产自销和购销两种。纯网络商户在网上自建商城，然后通过自己生产或从外面采购的方式，将合适的商品在网上销售给客户，从中获取利润。代表平台如 1 号店。

2.1.3　B2C模式的优势

近年来，我国 B2C 电子商务飞速发展，从商品销售到配套服务都取得了显著成效。总体来看，B2C 电子商务网站数量持续增加，经营产品的类型也越来越丰富，人们网购商品种类已基本不受限制。电子商务 B2C 模式的优势主要有以下几个方面。

（1）能够对网上商店的商品品质进行统一管理、控制和采购。

（2）对于销售方来说，该模式可以更好地将广阔传统市场中分散的市场需求集中到网络商户平台，易于实现规模化采购。

（3）对于经营者来说，该模式能够减少传统供应链的中间商环节，从而降低采购成本和销售成本。

（4）对于买家来说，该模式能够减少供应链的中间商环节，从而降低消费成本。

（5）能够统一管理和建立透明的诚信体系，为买家消费提供更加权威和具有参考价值的口碑体系。

（6）能够丰富买家在线消费的商品种类，提供更贴近买家日常生活的需求，提供生活化和日常化的网络服务。

（7）对于整个网络市场来说，该模式能够开发和积累更丰富的消费需求，形成肥沃的网络经济土壤。

2.2 天猫：综合性B2C购物网站

2.2.1 天猫概况

天猫，原名淘宝商城，是一个综合性购物网站，整合了数千家品牌商、生产商，为商家和买家之间提供一站式解决方案。2012年1月11日，淘宝商城在北京举行战略发布会，宣布更换中文品牌"淘宝商城"为"天猫"。

2018年，天猫"双11"全球狂欢节开场2分05秒，销售额破百亿元，26分03秒破500亿元，1小时47分26秒破千亿元（见图2-2）。8小时8分，天猫"双11"销售金额达1 207亿元，超过2016年天猫"双11"全天成交额。15小时49分，天猫"双11"销售金额超1 682亿元，超过2017年天猫"双11"全天成交额。2018年天猫"双11"全天成交额达到了惊人的2 135亿元。

2.2.2 天猫的运营模式

1. 大力吸引线下传统品牌入驻

2008年4月，淘宝商城上线。从上线之初，淘宝商城就明确延续阿里巴巴集团搭建平台的理念，为企业级商家构建电子商务基础设施。从2008年到2009年，大多数传统企业对于电子商务还处于观望阶段，只有一部分品牌企业开始涉足电子商务之路。李宁公司从2008年就进驻淘宝商城，在很短时间内，李宁官方旗舰店成为其所有店面的销售冠军；2009年4月，优衣库进驻淘宝商城，2009年11月，优衣库官方旗舰店月销售额突破1 000万元；2009年7月，联想官方旗舰店单月交易额破1 000万；2009年10月，杰克琼斯进驻淘宝商城。李宁等品牌在淘宝商城上的成功为更多传统品牌树立了标杆。天猫的高效、低成本通路和直接抵达买家模式开始为传统品牌所认识，随后引发了传统品牌如潮水般入驻天猫平台的盛况。

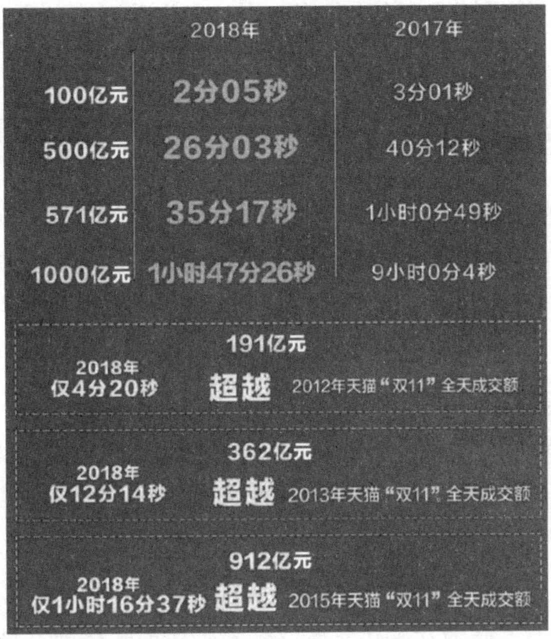

	2018年	2017年
100亿元	2分05秒	3分01秒
500亿元	26分03秒	40分12秒
571亿元	35分17秒	1小时0分49秒
1000亿元	1小时47分26秒	9小时0分4秒

2018年 仅4分20秒 **超越** 191亿元 2012年天猫"双11"全天成交额

2018年 仅12分14秒 **超越** 362亿元 2013年天猫"双11"全天成交额

2018年 仅1小时16分37秒 **超越** 912亿元 2015年天猫"双11"全天成交额

图2-2 | 2018年天猫"双11"成交额数据

2．积极打造诚信体系

（1）打造信用评价体系，从 0 开始，最高为 5，全面评价天猫上的交易行为。天猫为了更好地约束商家，让商家尽可能地提高自己的服务，保护买家的利益，在淘宝网信用评价体系的基础上开发了天猫的店铺评价体系。

（2）全部采用商城认证，保证交易的信用。为了改变淘宝网被人诟病的真假难辨的恶劣形象，淘宝商城在成立之初，就想尽办法塑造良好的形象，提出了"品牌正品，商城保障"的口号，为此，商城制定了大量的认证制度和服务保障体系。2015 年 11 月，"双11"前夕，天猫携手蚂蚁金服，与中国人保、平安产险等保险公司推出"天猫正品保证险""天猫品质保证险"等一系列普惠保险项目，如果买家在天猫平台购买到假冒商品，将无条件获得退货退款支持，并可以获得 4 倍赔偿。

3．通过特色服务树立自身优势

天猫比淘宝网普通店铺更有吸引力的是特色服务。天猫不仅是大卖家和大品牌的集合，同时也提供比普通店铺更加周到的服务。

（1）七天无理由退换货：天猫卖家接受买家七天内无理由退换货，买家无须担心买到的商品不合适，或者买到的商品和实际相差太大。

（2）正品保障：天猫卖家所卖商品都是正品行货，接受买家和淘宝网的监督。

（3）沟通优势：淘宝网推出了会员即时沟通工具"淘宝旺旺"。与其他即时通信工具不同，会员在交易过程中能够感觉到轻松活泼的家庭式文化氛围。在天猫，"淘宝旺旺"还具备查看交易历史、信用情况等个人信息，以及多方聊天等一般即时聊天工具所具备的功能。

▌2.2.3　天猫的盈利模式

天猫摒弃了原来的淘宝网对普通的卖家和买家都免费的模式，而是以自己强大的市场份额和注册用户为依托，提供更加符合买家要求的服务，充分挖掘规模经济的价值，从很多环节实行收费的模式，为其未来的盈利奠定了基础。天猫的盈利方式主要包含以下几个方面。

1. 直接向卖家收费

天猫与淘宝网不同，并不是免费向卖家开放使用的，而是要缴纳保证金和一定的服务费用。服务费用主要有软件服务费和软件服务年费两种。

（1）保证金。由于店铺性质不同，保证金金额也会不同。开店需要支付一定的保证金，当卖家出现商品质量问题等违约情况时，天猫有权先行赔付给买家。

（2）软件服务年费。商家在天猫经营必须交纳年费，年费金额以一级类目为参照，分为 3 万元和 6 万元两档，符合一定的要求可以享受年费折扣优惠。年费缴纳及结算详见《天猫 2019 年度软件服务年费缴纳、折扣优惠及结算标准》。

（3）软件服务费。商家在天猫经营需要按照其销售额的一定百分比交纳软件服务费。根据不同的商品，软件服务费费率一般在 0.5% ～ 5%。天猫各类目软件服务费费率标准详见《2019 年天猫各类目年费软件服务费一览表》。

2. 天猫广告收入

天猫整合了 5 万多家商户、4 亿多买家和 7 万多个品牌，每天的首页访问量上亿，这无疑构造了一个非常好的广告平台。天猫广告主要分为两个方面。

（1）天猫站点广告。天猫站点广告，就是直接在网站首页及其他子页面出现的广告，主要有天猫首页旗帜广告、商城中间的横幅广告等。首页旗帜广告在淘宝首页的最显眼位置摆放，通过联播的方式展示。在商城首页的品牌特卖会、品牌推荐和活动推荐处出现的店铺链接也向天猫交纳了不菲的广告费。在子页面的很多地方可以清楚看到天猫站点广告。

（2）天猫隐性广告。天猫使用的阿里旺旺软件中，融合了大量的广告。例如添加旺旺好友时弹出的"查找 / 添加"对话框中，有一个竖幅的广告；阿里旺旺聊天对话框的最下方有滚动的字幕广告；阿里旺旺启动后弹出的每日焦点中，有热卖板块、聚划算板块、达人板块以及最下方的滚动字幕广告。另外，我们在很多的地方，如淘江湖和社区会看到软文性质的广告，引导买家产生购买的欲望，促其购买。

3. 关键词竞价收费

天猫吸引了几万个商家入驻，因此在天猫内部的竞争也非常激烈，商家要想在竞争中取得优势，在店铺站点入口上就需要下很多的功夫。除了可以通过各种形式的广告来进行宣传推广，吸引买家进入店铺之外，还可以在天猫的搜索功能上下功夫。天猫允许商家付费购买部分关键词，以提高该关键词在搜索结果中的排名，以引导买家进入店铺浏览商品达成购买交易。而这种模式也是天猫非常重要的收益来源，据天猫商家讲述，商家的点击收费价位一般都在 2 元 / 次以上，也就是买家搜索关键词以后，如关键词"女装"，点击进入商家的店铺，商家就需要向天猫交纳 2 元以上的广告费，每天搜索的人数越多，交纳的广告费就越多。

4. 附加软件产品和服务收费

天猫依托自己的技术团队，借助买家消费行为数据库，根据商家的需求开发了大量的软件和附加服务，如图片空间、会员关系管理、装修模板、123show 宝贝动态展示、营销推广、数据魔方、量子统计、库存管理等。由于这些服务的推出是以天猫的数据库系统为依托的，因此在开发过程中整合了卖家需要的资源，非常契合卖家在销售过程的需求。所以，大多数卖家都会购买一些软件和服务，使自己的店铺能够更好地发展。

5. API平台收入

天猫开放了自己的应用编程接口（Application Programming Interface，API）平台，允许其他企业与天猫进行对接，也允许部分软件公司利用天猫的数据库来开发适合商家的软件和服务，同时也增加了天猫的服务能力和盈利能力，可谓一举两得。

例如，天猫整合了部分物流公司的资源，部分物流公司可以在平台直接接受订单，然后允许商家和买家用天猫的销售订单号代替物流公司的单号来对物流的详细信息进行查询，大大方便商城的商家，同时为物流公司赢得了数量庞大的订单，天猫也能从中获得不少的平台提成。天猫还整合了保险公司的资源，开发了退货运费险，以满足部分商家和买家的需求，也能从中赚取利润。

2.2.4 天猫模式分析

天猫致力于构建一个网络购物的巨大的商业生态圈系统，为商家提供电子商务的整体解决方案，为买家提供一站式的购物体验，同时通过开放平台等方式吸引更多的企业为商城平台上的卖家和买家提供各种各样的服务，使商城不仅是一个买卖的平台，还是一个生活的舞台，即电子商务网络购物生态圈系统。

天猫的 B2C 模式将 1688 网站和淘宝网完美地结合起来，通过 B2C 模式构建供应链系统，提供统一的服务。B2C 商业模式的精髓是平衡和共担，即平衡淘宝网的品种多、店铺规模小和 1688 网站的品种少、店铺规模大，同时与平台卖家共担成本，降低风险。B2C

把"生产商→经销商→买家"各个产业链紧密连接在一起。

天猫要想走好 B2C 模式之路，还有很多的硬功夫要下。

1．加强与用户的沟通

海量的注册用户和巨大的销售额是支撑平台的基础。做 B2C 平台，一定要培养出海量用户群，然后把海量用户共享给卖家，才能吸引优质卖家入驻；优质卖家入驻越多，注册用户就会越多，销售额就越大，这个平台也就越有价值。平台、卖家、用户三者之间是相互依赖的关系。天猫共享了淘宝网的用户群，注册用户数量比较大，在这方面形成了较大的竞争优势，但是在与用户的沟通方面存在着一定的问题。天猫是与人们生活密切联系的网络交易平台，为了让这个平台实现更好的发展，天猫要加强自身与用户之间的互动联系，加强用户对商品品牌的正确认识，注重关注用户的消费心理需求，努力为用户提供良好的消费体验，提升用户对商品本身的信赖度和忠诚度。

2．精选优质卖家

优质卖家对于 B2C 平台的作用是不言而喻的。B2C 平台能否满足买家的需求、能否提供质量合格的商品、能否提供优质的服务等都要依靠优质的卖家来实现。因此，优质卖家对于平台是至关重要的。天猫在运作初期，为了吸引卖家，降低了入驻要求，导致商城中的卖家泥沙俱下，商品参差不齐，卖家推广成本高，价格竞争激烈。天猫应加强对品牌商和大代理商的招商，吸引更多的优质卖家，同时还要不断地对现有卖家进行监管考核，提高卖家的素质水平，摒弃劣质的卖家，去劣存优。

天猫模仿了亚马逊的（标准化产品单元 SPU）模式，采取"产品编码（TSC）"进行产品同质化管理，但是在细节上无法满足买家的购物体验，对同质化产品的处理也没有有效的管理机制。由于天猫同质化的商品较多，买家在天猫上进行选择时经常会无从下手。如何平衡数量与质量之间的关系，天猫还需要不断地探索。

3．加强物流建设

从物流业的现状来看，我国物流行业的主力军是民营企业，物流的发展跟不上电子商务的脚步，成熟度远不能满足电子商务快速发展的需求。

早在 2011 年 1 月，天猫所属的阿里巴巴集团已经开始布局物流战略，阿里巴巴集团及其合作伙伴承诺一期投资 200 亿～300 亿元，其中阿里巴巴集团自己出资 100 亿元，逐渐在全国建立一个立体式的仓储网络体系。阿里巴巴集团通过"大物流"计划，全面打通商家的数据信息和物流仓储配送通道，提供整体物流解决方案。2013 年 5 月，阿里巴巴集团与顺丰速运、三通一达（申通、圆通、中通、韵达快递）等合作，共同构建"菜鸟网络"。2018 年 7 月，阿里巴巴集团再次布局同城配送领域。物流建设成效是天猫未来取得更大成功的关键，天猫需要不断加强物流建设，进一步完善仓储、配送等各个环节。

思考：

1. 天猫的盈利方式有哪些？

2. 天猫的优势是什么？对其他 B2C 平台有什么启示？

2.3 京东：自营式B2C电子商务企业

2.3.1 京东概况

京东是中国自营式电子商务企业，在线销售计算机、手机及其他数码产品、家电、汽车配件、服装与鞋类、奢侈品、家居与家庭用品、化妆品与其他个人护理用品、食品与营养品、书籍与其他媒体产品、母婴用品与玩具、体育与健身器材以及虚拟商品等 13 大类 4 020 万种优质商品。2018 年，京东活跃用户数为 3.05 亿，2018 年全年成交总额近 1.7 万亿元，2018 年全年净收入为 4 620 亿元。京东网站首页如图 2-3 所示。

图2-3 | 京东网站首页

2013 年 3 月 30 日正式切换域名，并发布新的 Logo（见图 2-4）和吉祥物。2014 年 3 月 10 日，京东收购腾讯 QQ 网购和 C2C 平台拍拍网。2014 年，京东以 21.75 美元的开盘价登陆纳斯达克，2018 年年初股价曾触及 50.50 美元的历史最高位，市值达到 600 多亿美元。

图2-4 | 京东Logo

▎2.3.2 京东的运营模式

京东作为自营 B2C 电子商务品牌，成功超越之前的诸多老品牌，其独特之处可以通过以下的运营模式分析进行了解。

1. 风投融资支撑业务运营

自 2007 年以来，京东先后完成多轮股权融资，共计获得资金数十亿美元，用于仓储、配送、售后等业务，为京东的业务运营提供了资金保障。京东主要融资情况如表 2-1 所示。

表2-1 京东主要融资情况

时间	融资额	出资人
2007年8月	1 000万美元	今日资本
2009年1月	2 100万美元	今日资本、雄牛资本等
2011年4月	15亿美元	俄罗斯的DST、老虎基金等六家基金和一些社会知名人士
2013年2月	7亿美元	加拿大安大略教师退休基金等

2. 通过建立供应链管理体系，获得市场先机

供应链体系对于任何行业来说都至关重要，对于零售行业来说更是如此，不断提高存货及现金的周转率是企业运营的关键。沃尔玛通过自有卫星系统，把库存周转率控制在 30 天左右；苏宁和国美的库存周转率是 40 天；电子商务企业亚马逊的库存周转率是 7 ~ 10 天；京东的库存周转率为 10 天，实力紧随亚马逊。京东牢牢把握供应链效率和成本控制两个要点，以强大的 IT 系统消化每天发生的实际订单数几十万个，在线销售的产品品类数万种，产品价格比线下零售店低 10% ~ 20%，做到与供货商现货现结。因而，京东能向产业链上的供货商、终端客户提供更多的价值空间。京东的供应链主要有采购系统、销售系统、支付系统和配送系统。

（1）采购系统。京东所售产品都是从正规进货渠道购进的正牌商品，采购中心设在北京和广州。

（2）销售系统。大多数买家通过 B2C 网站购买，少量买家通过电话订购。京东对所有商品开具正式发票，以保证售后服务的有效性和可靠性。

（3）支付系统。支持货到现金支付、货到银行卡支付、在线支付、邮局汇款、银行电汇和公司转账等多种支付方式。

（4）配送系统。提供快递、普邮、EMS、中铁快运等配送方式。在北京、上海和广州等大城市的配送由自建的配送体系完成，其余地区的配送外包给第三方物流公司。另外，京东还在部分地区设立货物自提点，以及在一些高校招收校园代理，解决不能送货上门的服务难点。京东商品的整个物流过程能进一步细分为 34 个环节，京东能够控制其中的大部分环节。京东致力于改进其供应链管理水平，并进一步做好成本控制，已经取得了显著效果。

3．用美丽说等导购型网站引流

在知名的导购型网站美丽说上，能够清楚地看到美丽说与京东的合作关系，如图 2-5 所示。作为购物平台的衍生品，导购型网站能够实现精准分享和引领潮流的作用，吸引了众多的年轻买家群体。京东通过与导购型网站合作，加强了京东的时尚气息，既丰富了网络推广渠道，又增加了网络流量的来源。

图2-5 美丽说与京东合作

4．进行移动客户端推广

移动互联网市场是目前网络市场发展的必然趋势，为了尽快占领移动互联网市场，2013 年京东开始推出手机移动客户端。2014 年 3 月，京东收购 QQ 网购和拍拍网，进一步发力手机移动端。2014 年 8 月，京东开通手机 QQ 一级购物入口，加上微信一级入口（见图 2-6）、京东客户端，京东借力腾讯，完成移动端布局。2018 年 7 月，京东手机网购 App 月活跃用户数已达 2.07 亿，仅次于手机淘宝的活跃用户数。

图2-6 京东的微信一级入口

2.3.3　京东的盈利模式

京东是典型的 B2C 电子商务企业，其模式为用互联网的方式来整合上下游，优化供应链，在商品成本方面下功夫，通过商品经营的主营业务来争取利润。2016 年，京东开始盈利，服务性收入成为新的增长点。

1. 直接销售收入

赚取商品采购价和销售价之间的差价是京东自营模式的主要盈利方式。京东在线销售的产品价格比线下零售店便宜 10% ~ 20%。京东的库存周转率为 10 天，与供货商现货现结，因此商品费用率要比国美、苏宁低 7%，在商品低价的前提下，商品毛利率可以维持在 5% 左右。京东通过向产业链上的供货商、终端客户提供更多的价值，实现了"薄利多销"的盈利模式。

2. 平台商家收入

2010 年 12 月开始，京东开放平台商家，为京东带来了额外的收入。此项收入包括平台商家的年费、技术服务费、仓储运输费等。

3. 资金沉淀收入

京东利用收到买家货款和支付供应商的时间差产生的资金沉淀进行再投资从而获得赢利。

4. 商城广告收入

网络广告逐步被人们接受，对于京东这样大型的平台网站而言，网络广告已经成为其重要的经营收入来源之一。

2.3.4　京东的模式分析

京东是最为成功的电子商务企业之一，但仍然有很多问题需要去思考。

1. 盈利能力

京东自 2007 年以来，经过多轮融资，直到 2014 年 5 月上市，仅股权融资就达到 20 多亿美元。但京东自获得首轮股权融资以来，一直处于亏损状态。究其背后原因，主要是有了更多资金的京东不断地在拓展其新的业务，包括物流体系建设、信息系统建设、商品品类扩张、平台建设等。以自建物流体系为例，京东与阿里的菜鸟驿站相比，自建物流体系的重资产模式，需要投入更多的资源。

京东直到 2016 年才开始盈利，且盈利能力远不及阿里巴巴、腾讯等其他互联网巨头，但京东一直能够保持相对稳定的盈利能力。2018 年 5 月 8 日，京东集团发布了 2018 年第一季度业绩。2018 年第一季度京东集团在美国通用会计准则下（GAAP）的持续经营业务净利润达到 15.249 亿元，而在非美国通用会计准则下（Non-GAAP）持续经营业务净利润为 10.474 亿元，实现了连续八个季度的盈利。京东之所以能够保持相对稳定的盈利能力，一方面源自自营业务在利润率水平上保持稳定，另一方面也得益于京东在对外开放赋能上的能力越来越强，第三方的广告、物流、佣金等服务性收入呈加速增长态势，并于 2018 年第一季度出现了一次小爆发，同比增长达到 60%，远高于 2017 年第三和第四季度的增速。这体现了京东收入结构的合理化，及在对外开放业务上的极大增长潜力，成为京东重要的新兴增长点之一。

2．物流配送

京东想在物流配送服务方面做得更加出色，第三方物流公司满足不了京东的需求，就只能自建物流配送仓库和网点，但是此举不可避免地使京东陷入物流网点建设的沉重负担中。因为越到配送网点密集的末端，其利润越难以支撑网点的成本，如场地、人员、设备等。京东物流配送的问题就在于如何控制投入成本，又能够提高服务水平。京东自建物流配送体系，需要投入大量的资金，同时也具有高增长潜力。京东物流被投资人誉为京东集团旗下"一块绝佳的资产"，是从 2017 年 4 月开始独立运营，是全球唯一拥有中小件、大件、冷链、跨境和众包（达达）等物流网络的企业。截至 2018 年 3 月 31 日，京东物流在全国运营 515 个大型仓库，总面积约为 1 090 万平方米。京东物流服务口碑得到了买家的一致认可，市场占有率也在持续上升。

思考：

1. 京东的盈利模式与天猫有什么区别？
2. 论述京东自建物流体系的优劣势。

2.4 苏宁易购：零售型B2C模式

2.4.1 苏宁易购概况

苏宁易购是苏宁电器集团的新一代 B2C 网上商城（见图 2-7），于 2009 年 8 月 18 日上线试运营。2010 年 2 月 1 日，苏宁电器集团的 B2C 网购平台"苏宁易购"正式上线，并自主采购、独立运营，苏宁电器也由此正式进入电子商务 B2C 领域。2011 年，苏宁易购强化虚拟网络与实体店面的同步发展，不断提升网络市场份额。2015 年 8 月 17 日，苏宁易购正式入驻天猫。苏宁易购具有苏宁品牌优势、上千亿元的采购规模优势、遍及全国 30 多个省 1 000 个配送点 3 000 多个售后服务网点的服务优势、持续创新优势等。苏宁易购依托强大的物流、售后服务及信息化支持，继续保持快速的发展步伐。预计 2020 年，苏宁易购将实现 3 000 亿元的销售规模，成为中国领先的 B2C 平台之一。

图2-7 | 苏宁易购网站

苏宁易购现已覆盖传统家电、3C电器、日用百货等品类，形成了以自主采购、独立销售、共享物流服务为特点的运营机制。苏宁易购以商品销售和为买家服务为主，同时在与实体店面的协同上定位于服务店面、辅助店面，虚实互动，为买家提供产品资讯，服务状态查询互动，以及作为新产品实验基地。苏宁易购将买家购物习惯、喜好的研究反馈给供应商，提升了整个供应链的柔性生产、大规模定制能力。和实体店面线性增长模式不同，苏宁易购能够快速形成全国销售规模，呈现几何式增长，同时依托线下既有的全国性实体物流、服务网络，共享现有资源，快速建立自己的盈利模式。

2.4.2 苏宁易购的运营模式

1. 产业链模式分析

苏宁易购的产业链主要包括产品厂商、分销商、苏宁易购、最终客户四个部分。苏宁易购产业链模式主要分为采购、销售与支付、售后三个环节。

（1）采购环节

传统网上商城由于其"亏本赚吆喝"实行低价策略，常常导致传统渠道商利益受损，有时更损害了厂商的利益；同时由于采购量偏小，不具备真正的价格优势，只能进行简单的低价竞争，存在水货、假货、以次充好、不提供正规发票等问题，影响了B2C网购市场整体信用环境，用户投诉率持续上升。

而"实体+网销"模式的苏宁易购依托于苏宁电器上千亿的采购平台和完善的供应链支撑，以及长期树立的信誉度，具有产品价格方面的谈判优势。此外，苏宁易购在品牌、产品品类方面比传统B2C网上商城更丰富，在价格方面也与传统B2C商城存在一定的差异化。

（2）销售与支付环节

苏宁易购零售业务的销售环节依靠其B2C网站进行，买家登录网站下单订购。在支付环节上，苏宁易购与其他网上商城也有一定的差别，其特有的门店支付（即易付宝门店充值）对习惯于线下支付的客户更有吸引力。

（3）售后环节

苏宁易购通过有效整合线下物流服务网络、自有的物流配送中心、售后服务网络，形成了线上线下的合理资源共享，这是苏宁易购的最大优势所在；对于用户来说，更是解决了其最忧虑的配送、售后服务未到位却无处投诉的问题。

苏宁易购通过 400 免费电话，更好地捕捉客户信息，并根据这些信息进行物流和服务上的改进，或对厂商进行实时的市场意见征询，调整采购产品的种类和数量。

2. 资本模式分析

苏宁易购是传统投资型电子商务资本模式，是苏宁电器集团直接投资的 B2C 网上商城，也是建立在苏宁电器长期以来积累的丰富的零售经验和采购、物流、售后服务等之上的综合性新型网站平台。虚拟经济无实体店支撑很难发展起来，苏宁 B2C 的优势在于可以把实体经济和虚拟经济结合起来，共同发展。

苏宁易购在发展过程中，其资本运营大致有四种模式：创始投资、依托于母公司的上市投资注入资本、收购以及电子商务平台之间的合作。

（1）创始投资

苏宁易购在成立之时注册资本为 5 000 万元，其中苏宁云商出资 3 000 万元，持股60%。

（2）依托于母公司的上市投资注入资本

2004 年，苏宁电器连锁集团股份有限公司成为首家以 IPO 方式登陆中国股市的连锁企业。苏宁电器作为苏宁易购的母公司，为苏宁易购注入了持续发展的资本。

（3）收购

苏宁云商出资 6 600 万美元，收购母婴用品领域领先的企业红孩子公司，并承接"红孩子"及"缤购"两大品牌，以及红孩子公司的资产和业务。苏宁云商电子商务平台苏宁易购将以此为契机，全面升级母婴、化妆品产品的运营。同时，苏宁易购宣布打造开放平台战略，在发展过程中，考虑采取并购垂直电商网站的措施以加速发展。

苏宁并购红孩子公司除了看重红孩子在母婴领域超过 8 年的经验之外，更看重的是红孩子团队拥有的人才队伍。对于苏宁易购来说，并购红孩子，除了增加销售额、扩大品类之外，红孩子运营团队和供应商都是其快速发展中最宝贵的资源。而对于红孩子来说，出售给苏宁易购，苏宁在平台、物流配送等领域的优势将恰好弥补了红孩子的弱项。

（4）电子商务平台之间的合作

乐蜂网等众多电子商务公司都已经入驻苏宁易购开放平台，在与苏宁易购合作的同时为苏宁易购注入新的活力。苏宁易购在日用百货领域的种种动作，不仅会使苏宁易购提前完成 150 万商品品类的目标，也是苏宁"去电器化"战略在电商层面的体现。

▌2.4.3 苏宁易购的盈利模式

国内大部分家电行业电商企业并没有形成真正的盈利模式，企业或处于亏损状态或因缺乏线下建设而引来诸多问题，没能在供应商、自身、买家之间形成真正的平衡，企业缺乏长久、持续发展的基础。苏宁易购借助既有的实体网络优势，快速形成了中国家电网络销售真正的盈利模式。苏宁易购的盈利模式与其他自主销售式 B2C 平台并无差异，主要是货物的进销差价，加上广告费等服务性收入（见图2-8）。

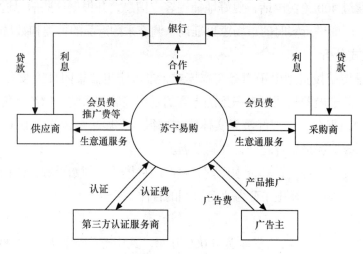

图2-8 ｜ 苏宁易购的服务性收入

1. 主营业务销售收入

苏宁易购的销售收入来源大体可以分为两部分，其中一部分主要是空调、冰箱、洗衣机、彩电、音响、小家电、通信设备、计算机、数码等电器的销售收入，另外一部分是服装、母婴用品、化妆品、办公用品等的销售收入。

2. 增值性服务收入

除了正常的销售收入以外，苏宁易购还提供服务型增值销售，例如国外家电流通企业普遍实施的有偿家电回收服务，以及为供应商提供第三方物流和售后托管服务等。苏宁售后服务团队每年可以为苏宁提供上千万元的利润。随着服务平台升级，服务能力增强，服务在增收节支方面的价值会越来越大，服务必将成为苏宁易购更大的利润增长点。

3. 广告服务收入

随着网络广告逐步被人们接受，苏宁易购向商家提供广告展示位，以此收取广告费用，成为苏宁易购盈利模式的一部分。

4. 平台收入

直接向供应商收取相应的会员费、推广费以及上架费等。

2.4.4　苏宁易购的模式分析

苏宁易购能够根据买家的在线购物需求和行为模式，迅速根据网购用户的消费习惯，推出合适的市场活动，在运营过程中形成了自己的竞争优势。

1. 完善的供应链管理

我们可以从采购、物流、服务和资金四个方面，分析苏宁易购的供应链管理。苏宁易购的采购网络布满全国，数量庞大的采购优势为苏宁易购争取到了更多的优惠。在物流方面，苏宁易购共享苏宁实体连锁的全国物流系统，拥有覆盖全国的物流配送点和门店提货点，买家既可以就近店铺自提，也可以选择物流配送。此外，苏宁易购也在尽力提供更加优质和完善的服务，比如苏宁易购的在线客服可以随时沟通，并且还开设了 24 小时销售热线和售后服务电话等。为了简化支付步骤，苏宁设置了多种支付方式，包括网银支付、银联在线支付、货到付款、苏宁易付宝支付等。

2. 周到的客户服务

在售前，苏宁易购首页以友好的界面交互与用户见面，视觉体验上大胆创新，把目录展示和主题活动展现得淋漓尽致。其页面布局简洁、实用、美观、清晰，搜索引擎便利、快捷，能快速反应，让买家找到所需东西。

在售中，一日三送，在下单的时候，买家可以根据自己的收货时间选择送货时间段，分上午、下午、晚上，灵活送货。

在售后，苏宁易购推出了"服务一站式"策略，所有在苏宁易购购买的商品都实现了售后服务本地化，可以在当地苏宁售后服务网点进行鉴定、维修和退货。3 000 多家售后网点支持全国的售后服务，支持 15 天无理由退换货，提供上门取件的服务。家电故障 24 小时解决，维修质保 90 天，大家电报修后 24 小时内响应上门，生活小家电直接送至苏宁维修点即可。苏宁易购在全国拥有 3 000 个客服坐席，5 000 名专业客服人员，为买家提供 24 小时服务。

未来，苏宁易购致力于建立以互联网技术为驱动，以数据研究为营销基础，以客户体验为本的运营模型。苏宁易购可以依托不断扩展的产品线，带给买家丰富的选择；依托巨大的仓储、销售、配送规模降低成本，保持低价优势；依托完善的物流配送网络，带给买家更加便捷的配送服务。

思考：

1. 苏宁易购成功的关键是什么？

2. 苏宁易购对传统零售企业有什么样的启示？

2.5　聚美优品：垂直型B2C模式

2.5.1　聚美优品概况

聚美优品的前身是团美网，是一家专业化妆品团购网站。在2010年9月，为了进一步强调团美网在女性团购网站领域的领头地位，深度拓展品牌内涵与外延，团美网正式全面启用聚美优品新品牌，并且启用 Jumei 全新顶级域名。2011年，聚美优品优雅转身，自建渠道、仓储和物流，自主销售化妆品。聚美优品以团购形式来运营垂直类女性化妆品B2C 模式，打造另类的时尚购物平台。聚美优品官方网站首页如图2-9所示。

图2-9｜聚美优品官方网站首页

2014年5月16日晚间，聚美优品在纽交所正式挂牌上市。2014年6月，聚美优品低调上线海淘网站海外购。2014年9月，聚美优品全面发力海外购，并在首页开通独立频道。2015年4月，聚美优品推出了母婴频道，主推跨境母婴业务。

2.5.2　聚美优品的运营模式

1．市场开拓模式

（1）品牌合作

聚美优品同主流化妆品品牌合作，主要是以采购和发布团购信息的方式进行合作。聚美优品设置专业的采购团队，从正规厂家采购商品，通过资质审查、样品验货、出入库全检等方式确保商品品质。这样的合作，使聚美优品借助主流品牌的影响力推广了自身，同时也帮助这些品牌商开拓了市场。

（2）电视、平面媒体合作

聚美优品同湖南卫视、旅游卫视、搜狐和购时尚等电视和平面媒体建立长期的合作伙伴关系，通过一些丰富多彩的娱乐节目进行市场推广，并与众多明星大腕开启娱乐营销，在长期的合作过程中，取得了丰硕的成果。聚美优品创始人陈鸥常常现身"非你莫属"的求职现场，还自己代言产品，这本身就是一种推广。聚美优品推出的电子杂志《美卡》也广受用户好评。

（3）活动推广

① 线上活动

通过品牌联合以及和一些品牌商合作，聚美优品联合双方资源举行了一些线上活动互推品牌，如聚美优品联姻天际网，教职场达人美妆秘籍；聚美优品携手搜狐微博带你穿越2012 等线上活动，活跃了用户的同时也增加了自身的品牌影响力。

② 线下活动

聚美优品为时尚类活动提供彩妆支持，与校园合作，进行校园推广；与公益合作，提供公益基金等。聚美优品为"购时尚"栏目提供美妆基金，支持"音乐之声"的高尔夫联谊赛以及与旅游卫视合作"全城皆拍"。通过这些线下活动，聚美优品把自身形象塑造成"传播美丽"的代表，提高了用户对聚美优品的品牌认同感。

（4）社会化媒体推广

在社区营销日益火爆的今天，聚美优品也尝试涉足社区营销。口碑中心的推出是为了方便广大女性用户的社区化体验需求。口碑中心为用户提供一个良好的交流分享平台，真正实现"聚集美丽，成人之美"的服务宗旨。聚美优品看准微博这一良好的社会化媒体平台，积极与用户沟通，陈鸥也经常通过微博直面女性消费用户。这一举措使聚美优品借助社会化媒体平台成功地推广了自己。

（5）友情链接合作

聚美优品和同类型网站互换友情链接，增加优质流量来源。这些网站普遍具有百度权重高、Alexa（一家专门发布网站世界排名的公司）排名靠前、与化妆品相关度很高等特点。这些友情链接增加了用户流量，也提升了聚美优品的网站品位。

2. 市场竞争模式

（1）联盟合作

聚美优品自建物流配送中心，拥有 4 万平方米的恒温仓库，通过与物流服务商联盟合作的方式强强联合，在物流配送方面拥有竞争对手无法超越的优势，其提出的"闪电发货""6 小时直达""定时送达"等均是业界最高标准。联盟合作的建立，一方面使聚美优品自身的物流配送能力得到极大提升，另一方面整合了下游配送商资源，更加突出其资源掌控能力。

（2）银行支付合作

聚美优品为了满足不同用户的支付习惯，通过与各大银行进行在线银行支付合作，提供了多家银行的便捷支付方式。通过与银行支付合作，聚美优品在支付环节提高了服务水准，提升了用户使用体验，在激烈的市场竞争中更加具有竞争力。

（3）与电信运营商合作

聚美优品推出"聚美 Wap 版"和"聚美客户端"涉足移动互联市场。通过与电信运营商的合作，一方面保证用户能随时随地、畅通无阻地访问聚美优品；另一方面，也为聚美优品布局移动互联市场打下坚实基础。

（4）极力提升用户体验

聚美优品通过 100% 正品保证、30 天拆封无条件退款、面积达万平方米的恒温仓、6 小时闪电直达、800 万用户口碑中心和众多明星联袂推荐等众多产品与服务极力提升用户体验。这是聚美优品的核心竞争力之一，也是聚美优品成立至今快速发展的核心原因之一。

2.5.3 聚美优品的盈利模式

聚美优品是一个利用团购的形式来进行 B2C 模式的电子商务企业。聚美优品就是一个大型的网店，是一个专业的女性化妆品网站，所以它的盈利模式与一般网站相似，收入和利润来源主要依靠在线销售提成。

聚美优品的盈利模式主要有三种。一是直接销售商品带来的收入：聚美优品拥有自己的货源、仓库以及物流渠道。二是合作商家交易抽取的佣金。三是合作商家的广告收入：为合作商家在网站上做广告，以赢取广告收入。

2.5.4 聚美优品的模式分析

1．年轻的管理团队

聚美优品的核心团队是由一群具有创造力的年轻人聚集而成的，聚美的管理也是围绕创造力展开的，通过不断激励创新，鼓励尝试新方法等，公司由上而下呈现出一种积极向上、不断创新的氛围，这与其强大的核心管理团队、先进的管理理念是分不开的。

2．周到的客户服务

聚美优品将用户划分为普通会员、黄金会员、白金会员和钻石会员四种身份，为每种用户匹配不同的服务。同时，还为注册用户提供短信、邮件订阅服务。

聚美优品通过口碑中心、微博论坛以及《美卡》杂志等，为用户提供分享交流的社会化媒体服务。其官方微博每天动态更新最新最流行的资讯，转发女性用户感兴趣的话题故事，以增进与用户之间的感情。

3．快捷的物流服务

聚美优品在北京、上海、成都三地投入巨资建立物流配送中心，配送中心拥有超过 1000 名员工，每天两班作业。在正常库存充足的情况下，聚美优品承诺白天订单付款成功后 6 小时内发出，所有订单发货不超过 12 小时发出。

另外，聚美优品的恒温系统能确保商品无损坏，物流查询系统能确保用户知晓物流实时情况。同时聚美优品联盟第三方物流服务提供商可实现全国范围内物流覆盖，快速便捷的物流服务让用户在最短的时间内看到商品。

思考：

1. 聚美优品的 B2C 电商模式有什么特色？
2. 聚美优品面临的主要挑战是什么？

2.6 拓展案例

品质电商模式解读

2018 年 11 月 9 日，国内知名电商智库——电子商务研究中心发布《2018 年度中国品质电商市场发展报告》。报告显示，目前品质电商市场形成了以网易严选为第一梯队，小米有品、京东京造、淘宝心选为第二梯队，必要商城、兔头妈妈甄选、苏宁极物为第三梯队的市场格局。

一、网易严选——开辟新消费先河

网易严选（见图 2-10）于 2016 年 4 月正式上线，是网易自营生活类 B2C 电商品牌，以"好的生活，没那么贵"为品牌理念，通过直连制造商与消费者，剔除品牌溢价和中间环节，致力于为消费者提供高品质、高性价比的天下优品。

图 2-10 | 网易严选网站首页

网易严选最初走精品电商路线，从家居这一非标品类商品切入电商市场，聚焦年轻人追求高性价比的品质生活理念，并利用自家门户类网站对严选进行宣传造势。网易严选自成立以来，凭借众多创新性的核心价值，形成独特的"严选模式"，顺应中国经济供给侧结构性改革，创造出巨大的社会价值。网易严选发展大事记如表 2-2 所示。

表2-2　网易严选发展大事记

时间	事件
2016年4月	网易严选正式上线，截至5月底，注册用户1 200万，月流水3 000万元
2016年6月	首次参加电商"618"大促，推出"三件生活美学概念"深受好评，流水翻了20倍
2016年7月	严选与福建茶产业达成战略合作，正本清源为严选消费者直供品质好茶
2017年8月	网易严选和亚朵在杭州宣布推出亚朵·网易严选酒店，这是国内首家实现"所用即所购"的场景电商酒店
2017年10月27日	为了提升送达时效，网易严选新建武汉、无锡仓储物流系统，并正式宣传全面投入使用，健全全国物流仓储体系
2017年11月6日	网易创始人兼CEO丁磊受邀出席2017两岸企业家紫金山峰会，首次提出"新消费"概念，详细阐述严选模式
2018年9月26日	网易严选位于浙江省衢州市西区的全国客户服务运营中心正式投入使用，将面向全国用户提供更高品质的客户体验服务

网易严选最初的运营模式为 ODM（原始设计制造），但随着发展，逐渐摸索出一条注重设计、强调品质、低加价率等诸多独特优势的生产运营模式，即"严选模式"。其核心价值为扶持中国制造业、打击假冒伪劣、树立中国品牌、发展地方经济、解决供需矛盾以及倡导绿色环保。网易严选区别于其他品质电商的三大特色为自主品牌、自营商品、自主设计。"严选模式"通过创新和管理，降低成本，提高效率，创造更大的价值。网易严选还建立了"柔性供应链"，充分利用自身大数据优势，帮助制造商更快速、灵活地感知市场，在生产的过程中，帮助制造业提升良品率，降低成本。

二、小米有品——专注智能化路线

2017 年 4 月，小米有品（米家有品）正式上线。小米有品主打"爆品"模式，销售包括小米、米家以及生态链产品等在内的超过 6 000 种商品，涉及家居、出行、电子、娱乐、服饰、运动及个人护理等 15 大类目。小米有品发展大事记如表 2-3 所以。

小米有品的优势如下。

（1）选品团队经验丰富，懂产品，易出爆品。小米有品负责商品开发的核心团队来源于米家生态链的产品经理，可以更好地充当用户需求和供应链生产之间的"翻译官"角色。

表2-3 小米有品发展大事记

时间	事件
2014年10月	小米智能家庭上线
2014年10月	米家商城上线
2016年3月29日	小米科技创始人雷军在小米生态链2016春季沟通会上公布了全新的小米品牌——MI JIA米家，小米智能家庭更名为米家，米家是小米智能家庭的简称
2016年年底	米家日活跃用户数达到500万
2017年4月6日	米家有品正式上线，同年8月，米家有品官微正式宣布："米家有品"更名为"有品"
2018年5月	"有品"正式更名为"小米有品"

（2）平台模式合理。小米有品承担的责任风险相对较低，运营成本、库存成本相对低廉等。

（3）小米有品用户中米粉比例高，有一定的品牌忠诚度，产品复购率高。

（4）小米有品的电子、数码、家居产品未来能形成流量入口，为小米有品导流。

小米有品的劣势如下。

（1）小米有品目前的发展较为依赖小米的集团资源，但集团内部战略优先级低于严选的内部优先级。

（2）用户结构上与小米用户高度一致，以男性为主，女性比例较低，对家居品类消费的动力不足。

（3）小米有品品牌在向外扩散、获客时会受制于小米母品牌的品牌调性，用户在其品牌的情感认同上有所局限。

三、京东京造——高标准"京益求精"

京东于2018年1月上架了自有品牌"京造旗舰店"，这也是京东首次尝试品质电商联合中国制造业的平台。从整个产品逻辑上来看，京东京造和网易严选、米家有品、淘宝心选十分类似，都是通过严格的品质把控，给买家带来"物美价廉的商品"的产品理念。京东京造（见图2-11）已经包含居家、电器、餐厨、服饰、出行等几大品类，数据线、毛巾、牙刷、箱包、蓝牙小音箱等各种提升生活品质的小物品应有尽有，并且质量都非常有保障。

"京造"即京东制造，顾名思义就是京东自己制造的产品，是京东的一个自有品牌。除此之外，还有精心、精良、精致、精品之意。这也体现出京东一直以来对品质的高标准和严要求。京东京造的优势如下。

（1）货架优势。京东拥有货架优势，天然适合扶持自有品牌。Costco、7-Eleven、沃尔玛等零售巨头，都通过推出优质的自有品牌，增加了用户忠诚度，并提高了销售毛利。

在电商时代，京东的货架优势就是流量优势。

图2-11｜京东京造首页

（2）基础设施优势。京东的自营电商基因和基础设施都是最好的。流量、仓储、物流配送均具备。另外，由于自营模式与供应商能建立很深的合作关系，从理论上讲，京东与上游厂商谈合作有天然优势。

四、淘宝心选——阿里布局新零售

阿里巴巴集团在2011年启动"良无限"项目，2015年淘宝推出"中国质造"平台，淘宝心选（见图2-12）是"中国质造"平台升级迭代的产物，属于阿里巴巴集团内部创新业务的进化。

图2-12｜淘宝心选网站首页

淘宝心选是继淘宝、天猫、天猫超市之后，阿里巴巴集团下又一个新的 B2C 电商业务。在一年的内测阶段，淘宝心选不断找寻改善设计师、制造商、零售商生态的方法。作为阿里巴巴集团全新推出的生活方式品牌，淘宝心选将打破单一的产供销体系，通过搭建全链路赋能系统，颠覆自营生态，普惠各个环节伙伴。

▍思考：

1. 品质电商模式的优势是什么？
2. 谈谈品质电商模式未来的发展方向。

本章总结

B2C 模式现今仍然是互联网电商行业最为繁荣和最具发展前途的模式之一。在本章案例中分析的企业，是国内比较著名的几家 B2C 电商企业，已经在买家心目中形成了一定的品牌知名度和美誉度。B2C 模式与网民的现实生活越来越贴近，为整个电商行业的发展带来了更多的机会和流量。国内企业尤其是很多传统的零售企业，需要加快转型的脚步，积极拥抱互联网时代的到来。

课后练习

1. B2C 模式能够成功的关键是什么？
2. B2C 模式适合什么样的企业？
3. 传统企业应该如何开展 B2C 电商业务？

第3章

B2B电子商务案例分析

本章学习目标

◆ 了解B2B模式的定义、分类及优势

◆ 了解B2B平台的基本功能

◆ 能够根据企业实际选择合适的B2B平台

3.1　基本知识点

3.1.1　B2B模式的定义

企业之间（Business to Business，B2B）的电子商务交易模式，即企业与企业之间通过互联网进行产品、服务及信息的交换的模式。目前，世界上大部分的电子商务交易额是在企业之间完成的。截至2018年，全国电子商务交易额已经达到31.63万亿元，B2B仍然是电子商务中交易规模最大的一种模式。B2B电子商务的发展可以分为两个阶段。

第一代B2B电子商务主要以发布会员信息为主，并为会员提供广告竞价和其他增值服务，这种模式可以看作"网上会展中心"。作为第一代B2B电子商务的代表，阿里巴巴的商务模式显得很简单，更像是一种简单的网上信息发布和推广平台，相当于把传统的广交会变成365天的网上广交会，其交易方式和传统的贸易方式没有差别。

第二代B2B电子商务以提供信息流服务为主，是基于第一代B2B电子商务模式的一种创新。第二代B2B电子商务不仅实现了企业信息流的展示，还实现了信息流与物流、现金流的三者统一。第二代B2B电子商务能够帮助中小型企业控制成本、加速资金周转、减少库存。敦煌网作为第二代B2B电子商务的开创者，不仅实现了免费的信息展示，而且把整个供应链环节中的多种元素集成在一个平台上，使用户实现在线交易。这与阿里巴巴提供信息平台的模式存在很大差异。敦煌网和其他B2B公司的模式比较如图3-1所示。

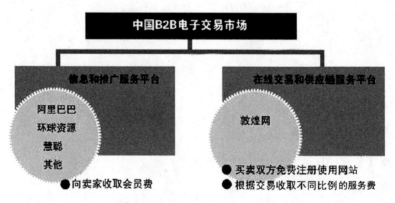

图3-1｜敦煌网和其他B2B公司的模式比较

第二代模式的优势表现在两个方面：第一，能够缩短贸易流程，省去大量的中间环节，从而帮助企业加快资金周转，减少企业库存，提高企业的应变能力；第二，可以进行在线支付，第二代B2B电子商务平台为用户提供第三方支付系统，可以保证会员在线支付的安全性。

3.1.2　B2B模式的分类

1.　面向制造业或商业的垂直B2B模式

垂直 B2B 模式可以分为两个方向，即上游和下游。生产商或商业零售商可以与上游的供应商形成供货关系；生产商与下游的经销商可以形成销货关系。因为垂直 B2B 面对的多是某一个行业内的从业者，所以，他们的客户相对比较集中且有限。

代表企业：中国化工网（见图 3-2）、科通芯城等。

图3-2｜中国化工网网站首页

2.　面向中间交易市场的水平B2B模式

水平 B2B 模式将各个行业中相近的交易过程集中到一个场所，为企业的采购方和供应方提供一个交易的机会。

代表企业：1688 网站、慧聪网（见图 3-3）、中国制造网（见图 3-4）、环球资源网、找钢网等。

图3-3｜慧聪网网站首页

图3-4｜中国制造网网站首页

3.　小额外贸交易服务平台模式

小额外贸交易服务平台为小企业寻找境外小额订单，参与小额支付并提供速递物流。盈利模式主要为"收取交易佣金＋竞价排序＋广告"。服务对象主要是小外贸企业。

代表企业：敦煌网（见图3-5）、eBay中国等。

图3-5｜敦煌网网站首页

4. 外贸进出口代理服务平台

外贸进出口代理服务平台为中小企业提供专业进出口服务，全程代理客户完成通关、物流（海、陆、空）、金融（外汇结算、核销、退税、保险）服务，提供免抵押、担保的贸易融资。提供免费商品展示及第三方通关认证。盈利模式：固定代理费（最高1 000元/次）＋第三方服务商返利。

代表企业：阿里巴巴一达通（见图3-6）。

图3-6｜阿里巴巴一达通

▌3.1.3 B2B模式的优势

B2B模式相比传统的线下交易，打破了时空的限制，使企业间的交易活动更加方便快捷，大大提高了效率，同时节省了资金周转的时间，扩大了市场机会。B2B模式的电子商务平台优势如下。

（1）B2B模式的电子商务平台使买卖双方信息交流低廉、快捷。信息交流是买卖双方实现交易的基础。传统商务活动的信息是通过电话、电报或传真等工具交流的，这与互联网信息以Web超文本（包含图像、声音、文本信息）传输是不同的。现在的电子商务平台买卖双方通过互联网交流信息，为双方提供便利。

（2）B2B模式的电子商务平台降低了企业间的交易成本。首先，对于卖方而言，电子商务可以降低企业的促销成本，即通过互联网发布企业相关信息（如企业产品价目表、新产品介绍、经营信息等）和宣传企业形象，与传统的电视、报纸广告相比，可以更省钱、更有效。因为企业在互联网上提供产品的照片、产品档案等多媒体信息有时胜过传统媒体的"千言万语"。据IDC（互联网数据中心）调查，在互联网上做广告促销，可以提高十倍的销售数量，而费用只有传统广告的十分之一。其次，对于买方而言，电子商务可以降低采购成本。传统的原材料采购是一个十分烦琐的过程，而利用互联网，企业可以加强与主要供应商之间的协作，将原材料采购和产品制造有机地结合起来，形成一体化的信息传递和处理系统。最后，借助互联网，企业还可以在全球市场上寻求最优价格的供应商，而不是只局限于原有的几个商家。

（3）B2B 模式的电子商务平台减少了企业的库存量。企业为应付变幻莫测的市场需求，通常需要保持一定的库存量。但企业的高库存政策将增加资金占用成本，而且不一定能保证产品或材料是适销货品；而企业低库存政策可能使企业的生产计划受阻、交货延期。因此，寻求最优库存控制是企业管理的重要目标之一。以信息技术为基础的电子商务可以改变企业决策中信息不确切和不及时的问题。通过互联网，将市场需求信息传递给企业决策者以安排生产，同时也把需求信息及时传递给供应商而适时得到补充供给，从而实现"零库存管理"，大大降低企业的库存成本。

（4）B2B 模式的电子商务平台缩短了企业的生产周期。一个产品的生产是许多企业相互协作的结果，因此产品的设计开发和生产销售可能涉及许多关联企业，通过电子商务可以改变过去由于信息封闭而无谓等待的现象，缩短企业的生产周期。

（5）B2B 模式的电子商务平台每天 24 小时无间断运作，为企业增加了商机。传统交易受到时间和空间的限制，而基于互联网的电子商务则是一周 7 天、一天 24 小时无间断运作，网上的业务可以开展到传统营销人员和广告促销达不到的市场范围，从而扩大企业的市场机会。

3.2 阿里巴巴：电子商务的领军企业

3.2.1 阿里巴巴集团概况

以马云为首的 18 人于 1999 年创立阿里巴巴集团，马云希望将互联网发展成为使用普及、安全可靠的工具，让大众受惠。阿里巴巴集团及其关联公司在中国、印度、日本、韩国、英国及美国的 70 多个城市共有 25 000 多名员工，服务于来自超过 240 个国家和地区的互联网用户。阿里巴巴集团经营多元化的互联网业务，包括促进 B2B 国际和中国国内贸易的网上交易市场、网上零售和支付平台、网上购物搜索引擎，以及以数据为中心的云计算服务等，致力于为全球所有人创造便捷的网上交易渠道。阿里巴巴集团的 B2B 业务主要包括 1688 网站和阿里巴巴国际站，区别在于 1688 网站是中国企业与中国企业做生意，阿里巴巴国际站是中国企业和国外企业做生意。

3.2.2 阿里巴巴B2B业务的运营模式

阿里巴巴 B2B 业务的目标是建立全球活跃的网上贸易市场。阿里巴巴具有明确的市场定位，在发展初期专做信息流，绕开物流，前瞻性地观望资金流并在恰当的时候介入支付环节。它的运营模式遵循循序渐进的过程，依据中国电子商务界的发展状况来准确定位。先抓基础，然后在实施过程中不断捕捉新的收入机会。从最基础的替企业架设站点，到随之而来的网站推广，再到对在线贸易资信的辅助服务，以及交易本身的订单管理。阿里巴巴B2B业务的运营模式主要有以下几个特点。

（1）专做信息流，汇聚大量的市场供求信息。这是阿里巴巴占领市场的第一步。信息流不仅汇聚大量的市场供求信息，而且为以后的资金流和物流打下了坚实的基础。从功能上来看，阿里巴巴在充分调研企业需求的基础上，将企业汇聚的信息整合分类，形成网站独具特色的栏目，使企业用户获得有效的信息和服务。而且在一些栏目上也为用户提供了充满现代商业气息和丰富实用的信息，构成了网上交易市场的主体。1688网站的主要信息服务栏目如图3-7所示。

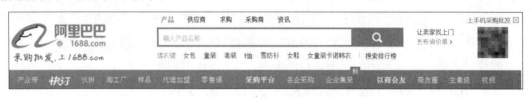

图3-7｜1688网站的主要信息服务栏目

（2）阿里巴巴B2B业务的起步阶段，采用"免费会员制"，最大限度地吸引企业登录平台并注册用户，从而汇聚人气，带来了活跃的市场气氛。企业会员在浏览信息的同时也带来了源源不断的信息流，从而不断地创造商机。阿里巴巴会员多数为中小企业，"免费会员制"是吸引中小企业的最主要因素。

（3）阿里巴巴通过增值服务为会员提供了优越的市场服务，增值服务一方面加强了该网上交易市场的服务项目功能，另一方面使网站能有多种方式实现直接盈利。阿里巴巴提供的增值服务如图3-8所示。

采购商服务	供应商服务	阿里巴巴服务
找公司	诚信通服务	淘宝大学
找产品	网销宝服务	阿里贷款
阿里产品导航	应用市场	天下网商
公司黄页	物流服务	24小时在线帮助
	1688商学院	商人视频

图3-8｜阿里巴巴提供的增值服务

（4）成功的市场化运作。阿里巴巴积极参与"福布斯评选"等活动，提升自身知名度和品牌价值。阿里巴巴还通过市场化运作积极争取中小企业，利用中小企业真实的供应和需求信息，来提升网上交易平台的交易额，推动自身的发展壮大。

另外，阿里巴巴国际站采用本土化的网站建设方式，并且运用不同国家不同的语言和版本风格，简易可读，这种便利性和亲和力将各国市场有机地融为一体。这些网站相互链接，内容相互交融，为会员提供一个整合一体的国际贸易平台，汇集全球 178 个国家和地区的商业信息和个性化的商人社区平台。

3.2.3　阿里巴巴B2B业务的模式分析

阿里巴巴创造了一个又一个奇迹，归因于成功独到的运营模式。阿里巴巴在 B2B 业务运营模式的创新让阿里巴巴战胜了一个又一个强敌，并把竞争对手甩得越来越远。

1．B2B业务专注于中小企业

中国中小企业众多，在经济上占有重要位置。但在提升竞争力的过程中，由于信息的不对称现象，中小企业没有能力做广告，难以被消费者所熟知。因此，提供面向中小企业产品销售的平台是提升中小企业竞争力的关键。

"弃鲸鱼而抓虾米，放弃那些 15% 的大企业，只做 85% 中小企业的生意。"这一直是阿里巴巴和马云奉行的战略。阿里巴巴的横空出世恰逢其时，迎合了市场需求，阿里巴巴 B2B 业务能够帮助广大中小企业把产品更好地推向国内外市场。

2．为企业提供增值服务

阿里巴巴 B2B 业务为企业提供的增值服务主要有：中国供应商、委托设计公司网站、网上推广项目和诚信通。

中国供应商通过阿里巴巴的交易信息平台，给中国的商家提供国际买家的询盘。客户也可以委托阿里巴巴，建设公司网站，阿里巴巴帮助企业建立拥有独立域名网站，并且与阿里巴巴形成链接。网上推广项目，有邮件广告、旗帜广告、文字链接和模块广告等，其中，邮件广告是指在网站每天向商人发送的最新商情特快邮件中插播的企业的广告。

诚信通项目能帮助企业了解潜在客户的资信状况，找到真正的网上贸易伙伴；进行权威资信机构的认证，确认会员公司的合法性和联络人的业务身份；展现企业的证书和荣誉，以及业务伙伴的好评情况，向潜在客户证明企业的实力。

3．阿里小贷助力B2B业务

阿里巴巴推出阿里小贷，为阿里巴巴 B2B 业务涉及的中小企业提供资金支持，从而为阿里巴巴 B2B 业务长期稳定发展提供保障。

由于银行倾向于为年销售额 1 000 万元以上的企业融资，小微企业在自筹资金的道路上举步维艰。阿里巴巴依托强大的资金实力，毅然进入金融领域，成立阿里小贷公司。通过小贷公司，阿里金融在阿里巴巴 B2B 业务上为中小企业提供贷款服务，无须提供抵押物，贷款金额通常在 100 万元以内。

阿里小贷与阿里巴巴平台下的其他数据库完全打通，从而使得阿里小贷能够从数据后台获取申请贷款企业的网络行为、网络信用等海量数据，用以支持其贷款的信用评估，这使得阿里小贷有效解决了传统金融行业针对小微企业贷款存在的信息不对称问题。阿里小贷可以实时监测获贷企业的资金流向、经营状况等，达到控制风险的目的。阿里小贷采用全网络贷款模式，突破了时间和地域的限制，大大提高了效率，降低了借款方的成本压力，从而使 B2B 业务涉及的中小企业能够以较低的成本获得资金支持。

4．大数据助推B2B业务

大数据时代的到来，使包括 B2B 模式在内的电子商务发生了根本性的改变。对于电子商务生态这样涵盖极大不确定性的信息经济，信息量巨大，复杂性高，维度广，只有依靠数据，才能捋清其中的脉络，而阿里系统的庞大经济量为阿里大数据提供了充足的信息资源。

阿里巴巴成立了阿里研究中心。阿里研究中心里不仅有专门的数据分析专家，帮助研究员发现数据的蛛丝马迹，解决数据难题，更要求每位研究员具备较好的数据采集和处理能力。阿里研究中心获得的一手电子商务案例资料和大数据信息，可以帮助阿里巴巴更好地开展 B2B 业务，为企业客户提供更加精准、高效的服务。

阿里巴巴已经形成了一个通过自有电商平台沉积以及 UC、高德地图、企业微博等端口导流，围绕电商核心业务及支撑电商体系的金融业务，以及配套的本地生活服务、健康医疗等，囊括游戏、视频、音乐等泛娱乐业务和智能终端业务的完整商业生态圈。这一商业生态圈的核心是数据及流量共享。阿里巴巴积累了海量的数据，是未来其 B2B 业务能够持续成功的关键因素。

▋ 思考：

1．阿里巴巴 B2B 业务成功的关键是什么？
2．阿里巴巴带给你哪些启示？

3.3　敦煌网：外贸交易服务平台

▋ 3.3.1　敦煌网公司概况

敦煌网成立于 2004 年，是我国第一家整合在线交易和供应链服务的 B2B 电子商务网站，是协助中国广大的中小供应商、向海外庞大的中小采购商直接供货的新生代全天候网上批发交易平台。敦煌网致力于打造一个完整的在线供应链体系，直接打通中国上游中小制造企业和贸易商同国外无数中小采购商之间的贸易联系，实现国际贸易的彻底在线化。

敦煌网已经牵手中国 2 000 多个产业带、1 300 万商品、190 万供应商与全球 222 个国家和地区的 1900 万中小微零售商，在品牌优势、技术优势、运营优势、用户优势四大维度上建立了行业难以复制的竞争优势。

作为国际贸易领域 B2B 电子商务的创新者，敦煌网充分考虑了国际贸易的特殊性，全新融合了新兴的电子商务和传统的国际贸易，为国际贸易的操作提供专业有效的信息流、安全可靠的资金流、快捷简便的物流等服务，是国际贸易领域的一个重大革新，掀开了中国国际贸易领域的新篇章。敦煌网采用电子邮件营销模式（E-mail Direct Marketing，EDM），低成本、高效率地扩展海外市场，自建 EDMSYS 平台，为海外用户提供了高质量的商品信息，用户可以自由订阅英文快讯商品广告，第一时间了解市场最新供应情况。

3.3.2 敦煌网的运营模式与盈利模式

1. 运营模式

敦煌网服务的用户定位于国内外的小金额买家。这些买家是被传统竞争忽视的中小客户，他们没有充足的资金来参加各种大型展会，同时还想绕过中间商的"盘剥"，直接和供货商进行交易。他们的采购金额每次只有几百到几千美元，甚至几十美元，所以他们往往被传统的电子商务巨头所忽视，而这些小采购商就是敦煌网的目标客户。敦煌网开创了小额 B2B 交易平台，打造了外贸交易服务一体化平台 DHport，为优质企业提供了直接对接全球市场需求的通路。

作为在线交易和供应链服务平台，敦煌网努力适应来自内外部的竞争压力，励志成为中国国际贸易领域电子商务的领航者。敦煌网整合跨境交易涉及的各个环节，并将其纳入自身的服务体系，使复杂的跨境贸易变得相对简单。敦煌网的运营模式为：打造全天候交易服务平台，推动动态佣金模式；整合各交易环节的服务，降低交易总成本。

（1）敦煌网提供的服务：营销服务、软件应用服务、运营服务。

（2）敦煌网提供的平台：批零经销商平台、供应商平台、品牌经销商平台。

（3）敦煌网提供的相关站点：敦煌网外贸主站、敦煌网中大型采购站、敦煌网品牌精品采购站。

2. 盈利模式

（1）向买家收取"交易佣金"。敦煌网采用的是产品招商、分类网址和信息整合、付费推荐和抽成盈利的盈利模式，对用户采取免费注册，达成交易后才收费的方式。敦煌网向这些买家收取"交易佣金"，佣金通常是交易额的 3% ~ 12%（即动态佣金，总体平均水平大概是 7%），收取比例会根据行业、交易额的不同而有所变化。

（2）向卖家收取广告费。敦煌网广告系统是敦煌网为平台上的广大卖家提供的全新服务。该服务采用了先进的后台技术，对有限的广告资源采用竞价的方式进行再分配。

（3）会员增值服务。敦煌网为用户提供免费的行情分析预测服务，这很可能在未来成为其又一个利润增长点。提供第三方增值服务有希望增加敦煌网的客户黏性并创造新的收入来源。

▌3.3.3　敦煌网的竞争优势和特色

敦煌网自 2004 年成立以来，基于深厚经验，建立起了难以复制的竞争优势。在卖家端，敦煌网升级供应商结构，让拥有更优质的产品与服务的企业脱颖而出，并为产业集群优质商户提供更丰富的服务，实现交易和服务的融合。在买家端，敦煌网在重点商贸区域通过跨境贸易精准营销，整合互联网上的海量用户，带来业务量的持续增长。敦煌网从技术优势到运营优势，从用户优势到品牌优势，打造了独特的竞争优势，如图 3-9 所示。

图3-9 | 敦煌网的竞争优势

敦煌网还在不断的发展过程中，率先为传统贸易线上化提供从金融、物流、支付、信保到关、检、税、汇等领域的一站式综合服务，形成自己的特色。

（1）独特的盈利模式——敦煌客服推荐。按交易额收取佣金，这是敦煌网在中国电子商务网站中最突出的特征。

（2）拼单砍价。将大量的需求汇集起来去和供应商谈最低折扣，大量的订单让敦煌网有了很高的议价能力，DHL、联邦快递的费用至少下降了 50%，这些都成为客户无法离开敦煌网的关键。

（3）支付和物流配送方面。敦煌网与 PayPal 等多个国际成熟的支付平台合作，产品在买家验货满意之后，再由敦煌网将货款转至卖家账户，这样就保证了交易安全。为了加快物流速度，敦煌网不仅整合了 UPS、DHL 等大型物流公司，甚至还将一些专做欧洲或美国的小型物流公司整合在敦煌网的平台上，交易周期最快能达到 3 天，最多不超过两周，大大提高了买卖双方的周转率。

（4）推荐位竞价投放系统。该系统采用了先进的后台技术，使卖家可以公平地在此系统中展开竞价，投放优势广告位，以获取更多赢单的机会。

（5）敦煌网的大数据中心全程为敦煌网的全球布局提供信息的有效获取、追踪、分析、处理与应用，为敦煌网更加高效的市场拓展、买家获取、用户服务、客户关系管理、供应商升级提供决策支持。

3.3.4 敦煌网需要改进的地方

1. 提高知名度

敦煌网是在 2004 年才创办的,比阿里巴巴晚 5 年。而正是这 5 年,敦煌网与阿里巴巴之间拉开了一定的差距。众所周知,知名度与信誉度都是需要时间积累的,数据显示,不论是反向链接的数量、网站收录的数量还是网站的访问量,阿里巴巴都更具优势。5 年的时间使阿里巴巴在 B2B 领域站稳了脚跟,网站也达到了一定的规模,SEO(搜索引擎优化)也做得很成功。敦煌网缺少的是由时间所累积的经验、知名度,敦煌网现在需要做的是对自己的网站做进一步的优化,并在现在的基础上提高自己的信誉度。

2. 完善平台建设

由于网站建设的时间相对较短,敦煌网的整个平台与阿里巴巴相比略有逊色。

首先,网站的功能化模块不够清楚,初次进入网站的用户很容易迷茫,有些功能化模块不能很快地被人们了解。

其次,卖家与买家的分离注册的问题。因为敦煌网是向境外中小企业提供境内中小企业商品的平台,所以敦煌网将买卖双方的注册完全分离。这种分离注册实际是对境内买家与卖家直接交易的不支持。而阿里巴巴则只要注册一次就能登录卖家和买家的账户,为用户提供了便利。

再次,平台的稳定性不是很好,这种现象极容易使用户失去耐性,最终导致用户对网站失去信心。当然,在确保平台稳定的前提下,网站的内容建设也是需要思考的一个方面。

最后,一些境内 B2B 平台很好地延伸发展了平台的媒体特性,有自己的新闻资讯频道,提供商人资讯,这一做法虽然跨越了一个单纯交易平台的范畴,但可以进一步黏住企业主。对于推广资金没有阿里巴巴、慧聪网等上市公司充裕的敦煌网来说,如果具备了媒体特性,参与到一些活动和论坛中去,也是一种有效的借力推广途径。

3. 加强信用体系建设

敦煌网目前致力于打造增值服务,包括物流系统、支付系统的完善,信用体系的建设以及语言翻译工具、在线即时通信工具的开发等,而其中的信用体系建设是最有可能成为特色的一个方向。敦煌网推出了培养和孵化网络商户的动力营培训体系,如同建行合作推出基于客户网络交易记录及信用的在线融资服务——"建行敦煌 e 保通"等。加强信用体系建设,可以优选商户,促使敦煌网良性发展。

思考:

1. 敦煌网与阿里巴巴有哪些差异?
2. 分析敦煌网的成功之处。

3.4 科通芯城：用B2C的方式做B2B

3.4.1 科通芯城概况

科通芯城（COGObuy）公司于2010年成立，隶属科通集团，是中国最大的电子制造业的电子商务平台之一，被誉为电子制造业的京东。科通芯城致力于为中国500多万家电子制造型企业提供货真价实的具有质量保障的IC元器件产品，提供贴身的技术增值服务、安全快捷的在线交易服务，帮助企业提高采购效率，降低企业的制造成本，从而提高各企业的综合竞争力。公司通过直销平台、线上市集以及专责的技术顾问和专业的销售代表团队，在售前、售中以及售后阶段为客户提供周全的线上及线下服务。科通芯城的网站首页如图3-10所示。

图3-10 | 科通芯城的网站首页

3.4.2 科通芯城的运营模式

科通芯城销售的商品是IC元器件，包括电路板、传感器等。IC元器件的应用特别广泛，包括手机、计算机、平板电脑、医疗电子、汽车等领域。

走在行业前端的科通芯城，凭借其独特的用B2C模式做B2B的发展路线，在短短两年内从电子商务行业脱颖而出，成为"工业品电子商务"和"方案型电子商务"的代表型企业。其构建的"在线营销＋线下服务"O2O一站式电子商务平台，旨在通过自营和第三方平台，搭建电子制造业的生态体系，进行大数据积累和挖掘分析，为全产业链提供更加完善的解决方案。

1. 科通芯城的"在线营销＋线下服务"

中国IC元器件的市场规模约2万亿元，品牌商约有10万家，制造商约有500万家。IC元器件的大客户主要从生产商和大代理商处采购，而中小客户由于采购量小且分散，往往只能从中关村这样的大型集散中心采购。中小客户采购的IC元器件，不仅产品的质量没有保障,价格上也没有优势,同时由于采购量小,也享受不到大企业那样的折扣待遇。

线下的科通集团,其目标是年销售额 100 亿元,上游对接的是 Intel、博通这样的一线品牌商,下游服务的是华为、联想这样的大客户。规模较小的中小企业,科通集团很难覆盖到。

线上的科通集团把中小企业的需求纳入科通芯城,不仅解决了中小企业的采购难问题,也为科通集团创造了增长的"新引擎";不仅可以继续服务原有的大客户,还可以在线上覆盖广大的中小客户。于是,完全独立于科通集团的科通芯城成立了,起步之初,公司认为应该模仿阿里巴巴的模式,做一个信息平台。在做的过程中,它们发现科通芯城所采用的 B2B 电子商务与 B2C 电子商务有很大的不同。对一家去科通芯城下单的企业来说,买之前的决策更重要。与面向客户端的电子商务相比,做企业端的生意更加复杂,需要询价、咨询产品的适配性、发货周期等。在研究了企业端的采购习惯和特点后,公司厘清了科通的商业模式:做一个自营的 IC 元器件电子商务平台,为几百万家中小企业提供一站式元器件服务。除了提供信息平台外,还参与整个交易。这上百万家中小企业,他们本身是企业,但对科通芯城来讲,他们则是普通的客户。模式是 B2B,玩法却是 B2C:把海量的企业需求做成长尾,就像天猫、京东所采用的 B2C 模式。科通芯城服务的这几百万家企业,更像是服务几百万个客户。这种模式可以大大提高客户的黏性。因为在整个交易过程中,科通芯城提供了信息、物流、售后等一系列服务,带来的价值更大。

公司的网站专为电子制造商而设计,使他们能方便地搜索所需的解决方案以及采购所需的 IC 及其他电子元器件,如图 3-11 所示。公司也可在网站上展示产品清单、解决方案、应用场所(见图 3-12)、品牌建议、面市新品及特价促销信息。

图3-11 | 科通芯城的商品分类

图3-12 | 科通芯城的应用场所

网站的认证客户可以通过网站的个人化区域"我的供应链"完成整个订货流程、查阅订单记录及追踪订单状态，如图 3-13 所示。

2．科通芯城的在线营销

在营销宣传上，科通芯城既有传统的方式，也有新媒体的方式。传统的方式包括参加业内的展会、论坛等；在新媒体上也进行了创新，科通芯城通过互联网，以庞大的工程师及技术专家群为支持，实现在线营销模式的高效运营。科通芯城通过移动应用、微博（见图 3-14）、微信形式，提升营销的广度。

图3-13｜我的供应链　　　　　图3-14｜科通芯城的官方微博

（1）当前，大多数企业把微信作为二次营销和客户服务的工具，而科通芯城则将"微信"作为第三方营销和服务平台，将企业商务电子化，将复杂的"多对多"交流过程变为人机交互的简单指令操作。未来，70% 以上的业务操作将通过微信完成，网站将逐步边缘化，通过"小前台，大后台"的系统解决方案，提升服务客户的效率，增强客户体验。

（2）科通芯城推出的"硬蛋"是硬件创新微信社区，专注于互联网硬件创新主题的项目展示和产品研发交流，聚焦具有互联网创新基因的硬件团队和产品，通过通俗易懂的科普方式、强大的硬件产业资源整合能力，以及以互联网硬件创新为主线的精品沙龙活动，帮助投身互联网硬件创新领域创业的软、硬件团队解决产品研发、资源聚拢以及供应链保障等各种问题。

3．全产业链资源整合，服务上下游

科通芯城不但满足了下游客户的需求，同时也为上游品牌企业拓宽了客户渠道；不仅在商业价值上便利了上游品牌商与下游生产商之间的交易，更加增进了信息与服务的流动，打造了一条一线品牌商与中小企业的桥梁通路。科通芯城在服务上下游的过程中，掌握了整个产业的交易数据与客户需求，对于整个行业的需求变化甚至未来发展的趋势，可以通过所掌握的数据进行一手资料的挖掘，并开放给上下游的客户，同时对于客户的最新服务需求也可以尽早做出预判。

▌3.4.3　科通芯城的模式分析

企业采购工业品的诉求点与普通买家进行网购的诉求点有较大差异。普通买家进行网购时一般对价格较为敏感，而企业用户则对品质有着非常严格的要求；普通买家的网购比较具有随意性，对售后服务的要求没有企业用户高，而企业用户的采购周期性较强，不仅品质要求高，对售后服务的要求更是系统精细，因此，企业用户采购在客单价和客户黏度方面要比普通买家更为优质。科通芯城在经营模式方面进行了大胆创新，通过自营模式保证了企业用户的诉求点。

第一，原厂正品保证，助力中小企业创新。科通芯城目前拥有近 400 家国际一线品牌供应商、3 000 条产品线、50 万种产品型号，囊括了移动手持、消费电子、通信网络、汽车电子等九大类应用板块，基本能满足中小企业对于品牌 IC 元器件的采购需求，而且所有的产品都是原厂直接供应，保障 100% 无假货。

第二，可视化供应链系统，提升企业采购效率。在服务方面，科通芯城首创在线供应链管理系统——COGOEX，为中小企业提供供应链全过程软件和云端数据服务。科通芯城不仅要做 IC 元器件在线采购的推动者，还要通过专业的增值服务和行业信息，引领全新的 IC 元器件采购方式变革，成为真正意义的"一站式"IC 元器件采购中心。

第三，规模化采购，降低企业采购成本。科通芯城依托科通集团采购资源，科通集团是中国最大的 IC 元器件供应商之一，集团年销售规模近百亿元，用户数量过万，规模采购优势明显。

科通芯城的工业品电子商务模式对资金和专业能力的要求很高，门槛较高，不适合初创团队。对于拥有一定行业资源的企业来讲，切入供应链层面的电子商务，仍然有着极强的商业机会。科通芯城的案例其实可以给很多传统企业领导或者从业者以启示，敢于创新，拥抱互联网，则会发现新的模式和蓝海。

▌思考：

1. 科通芯城成功的因素是什么？
2. 从科通芯城的案例中，你学到了什么？

3.5 找钢网：大宗商品也可以做B2B电子商务

▌3.5.1 找钢网概况

2012 年以来，钢铁行业进入"寒冬"，但基于"互联网+"的"找钢网"却逆势而行。找钢网成立于 2012 年年初，是一家采用标准创投模式成立的公司，是国内成立较早的钢铁全产业链电商平台。经过五年的快速发展，找钢网成为中国最大的钢铁全产业链电商平台之一，也是中国产业互联网的标志性企业。找钢网利用互联网优化钢铁行业产业链，减少流通的中间环节。找钢网的网站首页如图 3-15 所示。

图3-15 | 找钢网的网站首页

找钢网最初是从钢铁领域的信息和交易环节切入的，然后逐步打通了包括信息、交易、物流、金融在内的全产业链。有别于传统钢贸商依赖销售渠道以及价格差进行赚钱的方式，找钢网的商业模式靠对供应链各模块中的企业进行服务，以获得持续盈利。

3.5.2　找钢网的运营模式

1. 为小买家提供优质服务，找准行业订单的入口

作为交易平台，可以通过汇集卖家的方式来吸引买家，也可以通过汇集买家的方式来吸引卖家。传统钢材交易的环节是：钢厂—大代理商—中间商—零售商（次终端）—终端用户（真正的用钢企业）。钢厂和大代理商之间有着长期稳定的合作，双方是强关系；相比之下，钢铁零售商和中间商之间是弱关系，找钢网找到的切入点就是先汇集这批小买家，再以此吸引卖家进入平台。

找钢网快速吸引大批钢铁零售商的办法是瞄准他们的核心刚需，解决他们找货难的问题。找货难主要有两方面原因，一方面，钢铁业的销售信息高度分散，每一个卖家每天要对外发布库存量、报价表，且格式各异，买家不仅找货麻烦，而且很难了解哪家的货最便宜；另一方面，购买钢材需要经过比价、议价、询价、锁货等 13 个环节，非常复杂，普通买家购买一次钢材可能需要打十几个电话，花上几个小时，效率极低。

大规模信息的数据化处理是电商的强项，找钢网开发的系统能处理上千个卖家信息的每日更新，它匹配符合买家需求的货物只需要几秒；找钢网还把 13 个购买环节简化到 3 个环节——提交需求、提交订单、付款，进一步提升了交易速度；零售商找到货之后议价能力很差，找钢网可以把零售商的小订单聚拢起来，然后去和钢厂议价。

找货快、比价快、议价能力强，并且是免费服务，因此找钢网的撮合交易量迅猛攀升。

2012 年 5 月 3 日，找钢网正式上线，当日完成撮合交易 166.774 吨，交易额达 74 万元；2012 年 9 月 25 日，日撮合交易量突破 7 000 吨，当月交易额破 3.5 亿元；2012 年 12 月 17 日，日撮合交易量达 12 684.332 吨，日交易额达 5 037 万元；2018 年 6 月 30 日，找钢网合作的钢厂达 115 家，第三方供应商达 4 100 多家，注册用户累计超过 10 万，日平均交易额过亿元。

2. 以海量订单吸引厂家和代理商，赚佣金而非博差价

免费的撮合交易使找钢网成为行业订单流的入口，买方云集的平台自然会对销售困难的卖方产生强大吸引力。

（1）钢厂自营与"保价代销"

2013 年第一季度，开始有钢厂提出与找钢网合作，找钢网借此推出"找钢商城"，将业务模式成功扩展到钢厂自营。2014 年年初，合作的钢厂增长到 13 家，2015 年，找钢网的客户已覆盖中国大部分的主流钢厂。

钢厂自营的交易环节变成了"钢厂—找钢网—零售商（次终端）—终端用户"，大代理商环节被取消了。与传统的代理买断制相比，找钢网的钢厂自营"保价代销"模式，非常有利于做大销售规模，快速消化钢厂库存。

"保价代销"模式运作如下，假设钢厂当日的出厂价 2 000 元/吨，找钢网把这批货接过来独家销售，由于货值较高，找钢网要按每吨 2 000 元的价格全款付给钢厂，但是不结算，然后找钢网开始卖货，今天卖 10%，明天卖 20%……根据销售进度，钢厂会每天定价，找钢网就在这个价格基础上加价约 1% 的佣金进行销售。比如钢厂定价每吨 1900 元，找钢网会按 1 920 元的价格进行销售，找钢网跟钢厂每天对一遍账单，然后月底根据实际售价结算一次。其中，按 2 000 元/吨结算的货款不是真正结算给钢厂的，可以理解为货物的全额保证金。

"保价代销"模式能真正解决销售规模的问题。年销量过百万吨的钢贸商之所以在全国凤毛麟角，是因为价格波动让钢贸商不敢扩大规模，以免造成库存积压。而找钢网的"保价代销"模式，只赚少量佣金，不承担价格风险，这样找钢网就敢做大销售规模。"保价代销"模式消灭了囤货博差价的原始动机，找钢网的利益与钢厂、零售商保持一致，规模更容易迅速做起来。

（2）贸易商联营规模猛增

钢厂自营达到一定规模后，想要加快销售速度的贸易商也开始进入找钢网平台。2013 年下半年，找钢商城推出联营业务，类似于天猫的开放平台。

联营业务的交易环节是：钢厂—贸易商—找钢网—零售商（次终端）—终端用户。由于交易环节多，这些贸易商的利润相对较薄，找钢网将销售佣金降到每吨 5 ～ 8 元。2018 年上半年，通过网上平台交易的商品交易额达到 250 亿元，其中联营模式占比达到 59.9%。

找钢商城销量中，联营销量大幅攀升，联营比例大幅提升，主要有两个原因。一是找钢商城的联营平台不断完善，给联营供应商提供了越来越多的服务支持，如物流、仓储加工、金融授信等，让联营钢贸商大幅提升了服务小微客户的能力。口碑效应传播也带来了更多联营钢贸商的加盟。二是钢材行业存在周期性，当行情下跌时，会更加考验钢贸商的库存周转能力。如果在跌价行情中，钢贸商不能及时出货，那么将会带来巨大的亏损。找钢网的存货周转率极高，平均存货周转天数是10.3天，效率几乎是普通钢贸商的2~3倍，所以更多钢贸商选择找钢网进行合作，提高自己的销售能力，拓宽销售渠道。

（3）优化产业链，靠服务赚钱

对于零售商而言，除了找货难外，物流问题、资金周转问题和仓储加工问题也一直是困扰他们的难题。为了提高自身的服务能力，增强用户黏性，构筑市场壁垒，找钢网开始逐步转向钢贸全产业链的延伸。找钢网提供了全流程的服务：零售商只要在找钢网平台上买货，就有胖猫物流跟进去运货，然后还有仓储和加工服务，因为交易格式化、可监控，金融机构也愿意跟找钢网一起给零售商提供金融服务。

原来的钢铁物流行业，一方面零售商找货车难，因为货车基本是流动的，很难知道货源附近正好有哪些货车，同时也不好比价；另一方面，社会车辆没有订单，经常车不能装满，甚至返程跑空车，空驶率非常高。2014年6月，找钢网上线了"胖猫物流"平台（见图3-16），用户只要输入出发地、目的地、货物规格、吨位，很快就可以搜到货车给出的报价，用户择优选择合适的车即可，便捷高效。同时"胖猫物流"还推出了车队版本的App，货车司机只要装上App，注册后就可以接单，类似于"滴滴打车"，提高了货车的运作效率。

图3-16 | 胖猫物流网站首页

除了物流方面，资金周转问题也是钢材零售商长期面对的难题。钢贸行业是大宗商品交易，交易金额通常较大，企业的资金周转需求很大，传统的银行信贷审批困难、速度慢，借款周期较长，对中小企业而言，资金成本很高。

自从2012年钢贸危机爆发之后，银行开始不断收缩钢铁行业的信贷额度，使原本就很窄的融资渠道变得更窄。为了解决客户的这个痛点，2015年6月，找钢网推出了类似"京东白条"的"胖猫白条"业务，为上下游客户提供融资服务。出于风险控制考虑，目前胖猫白条只授信给在找钢网交易活跃的部分用户使用，获得授信的用户可以在授信额度之内"先提货，后付款"。

3. 反向定制与敏捷采销，未来发展的方向

找钢网能够通过海量的交易数据，进行比较精准的用户分析，然后把用户的特殊需求归纳出来，再递交给钢厂，而钢厂想要的是连续性订单，如果找钢网告诉钢厂这种订单每个月都会有，钢厂就会愿意对自己的生产做出调整。

找钢网已经开始做反向定制的小规模试验。比如，找钢网上有三四十家封头企业（封头是一种锅炉部件），它们每个月都需要两三千吨属性偏软的中板，但对板面整洁度等方面没有要求。找钢网就向一家钢厂每个月下 2 000 多吨的订单，专门供给这些封头企业。虽然是反向定制，但钢厂的成本其实是下降了，找钢网还可以挤压钢厂的利润以增加网站利润，原先卖一张钢板的利润不到 30 元，现在可以赚 50 元。

在找钢网精心开发的这笔生意中，交易环节是"钢厂—找钢网—终端用户"，交易和物流次数已经精简到 2 次，这是大数据带来的效率提升。如果在未来反向定制能够得以普及，钢铁业的整体效率将达到非常理想的状态。

除了根据大数据做反向定制外，找钢网还有一种可能的商业模式——敏捷采销。一方面，目前终端用户从下单到用钢，一般是 3 天左右，但未来二三十天的用钢需求是可以预测的，因为不管是工地还是工厂，都是持续性生产；另一方面，目前钢厂从排产到出货需要 20 多天，但实际上从计划部门把订单交给生产部门到出货只需三五天时间，这意味着找钢网可以把订单下给钢厂的销售，销售不经过计划部门，直接把订单交给生产部门，这样钢厂交货的时间就能大幅缩短。如果能把排产到出货的 20 多天压缩成 3 ~ 5 天，反向定制就彻底成为可能。

找钢网作为高效平台，一头连接用户，另一头连接钢厂，完全有可能做到敏捷采销。用户预判未来二三十天的用钢量，钢厂提高生产速度，10 ~ 15 天即可交付给找钢网，找钢网再花几天送达用户。敏捷采销能够大量节省订单的交付时间，从而大幅提升资金周转率。资金效率提升，有利于找钢网更快做大规模。

▌3.5.3 找钢网的模式分析

1. "找钢网模式"对产业链的贡献

找钢网的新商业模式之所以能迅速得到各方认可，是因为它给交易链条上的多个环节带来了利益。因为找钢网的介入，钢厂和代理商等卖方得以快速清理库存，买方（零售商）可以快速找到低价钢材，找钢网自身也获得了卖方给的佣金。此外，找钢网还让终端用户降低了大约两个点的成本。

总之，从"钢厂—大代理商—中间商—零售商—终端用户"，到"钢厂—找钢网—零

售商—终端用户"，找钢网对钢铁交易链条做了一次明显的优化。

2. 找钢模式快速复制的条件

只要存在线下批发市场的行业，就可以借鉴找钢模式进行改造。如果把标准定得更加具体，符合"上游过剩，下游海量"条件的行业都比较适合做 B2B 电商，上游产能过剩，销售困难，厂家才会产生改革层层批发渠道的需求，才需要更高效的电商渠道进行销售；下游海量，让他们之间很难结盟，没有谈判筹码，中间环节的电商出现，中小卖家就有了议价的筹码。总之，把握好上游过剩和下游海量的共性和行业自身的特性，是 B2B 电商的基本功课，减少交易和物流次数，大幅度提升行业效率是 B2B 电商的基本方向。

找钢网，定位于供应链优化公司，其核心价值在于缩短了交易次数和物流指数，大幅度提升供应链效率。在此基础上，找钢网开发出了丰富的盈利模式，相信各行业的 B2B 企业都可以从中获得启示。

思考：

1. 找钢网成功的关键因素有哪些？
2. 找钢网模式适合哪些行业？

3.6　拓展案例

阿里巴巴集团的发展历程和业务体系

1. 阿里巴巴集团的发展历程

（1）阿里巴巴前传

创立阿里巴巴前，马云于 1988 年到 1995 年在杭州电子工业学院担任英文教师，并在期间创办过海博翻译社（1994 年），一年后从杭州电子工业学院辞职，与合伙人筹集 2 万元创办海博网络公司，运营"中国黄页"（被认为是中国第一家互联网商业信息发布网站），主要定位为网页设计。

1997 年年底，马云和他的团队受邀协助对外贸易经济合作部建立系列网站，其中包括网上广交会、中国商品交易市场等系列网站，网站的主要模式是将企业的信息和商品搬到网上展示，这是 B2B 的雏形。

（2）阿里巴巴创业初期：B2B 模式逐渐成型

在阿里巴巴成立之前，中国中小企业做外贸生意可选途径一般只有广交会（中国进出口商品交易会）。沿袭中国黄页和外经贸部的经验，阿里巴巴创建后定位"中国中小企业贸易服务商"，为中小企业提供"网站设计＋推广"服务，即打造"网络义乌"商业模式。"网络义乌"商业模式要求有足够的供应商，供应商再吸引买家前来，交易信息由此逐渐丰富。1999 年 2 月阿里巴巴网站上线，7 月会员数量达 3.8 万，9 月会员数量增长至 8 万，库存买卖信息 20 万条，日新增信息 800 条。截至 1999 年年底，阿里巴巴的会员数量已超越 10 万。

2000 年 10 月，阿里巴巴推出"中国供应商"服务以促进中国卖家出口贸易；2001 年 8 月，为国际卖家推出国际站"诚信通"会员服务；2002 年 3 月，为从事中国国内贸易的卖家和买家推出中国站"诚信通"服务；2002 年 7 月，国际交易市场推出"关键词"服务。阿里巴巴的"会员费 + 增值服务"模式的 B2B 道路开始清晰。

（3）从 B2B 到 C2C：布局淘宝网、支付宝

2003 年年初，在阿里巴巴 B2B 核心业务盈利稳定后，马云开始寻找新的增长点。

2003 年 5 月淘宝网成功上线，当时淘宝网在 C2C 市场的主要竞争对手为 eBay 易趣，2003 年 eBay 易趣在 C2C 市场份额高达 90% 左右，并于中国主流门户签订排他性的广告协议。但这并未阻止淘宝网的发展，淘宝网凭借推出的"免费模式"，迅速聚拢人气。

随着淘宝网的快速发展，在线购物支付中的信用与安全问题越来越突出，阿里巴巴开始寻求打造自己的支付模式。2003 年 10 月，支付宝上线。支付宝采用担保交易的模式，买家先把货款付给支付宝，当收到货物并检查无误后，再通知支付宝付款给卖家。担保交易彻底打消网购用户的担忧，让购物变得简单高效。2004 年 12 月，阿里巴巴成立支付宝公司，支付宝网站上线并独立运行。

（4）围绕核心业务的多元化拓展

2006 年 10 月，阿里巴巴完成对口碑网的收购，2009 年 8 月，阿里巴巴宣布在大淘宝的战略下将口碑网注入淘宝网，口碑网的定位从生活资讯转向电子商务的信息服务平台。

阿里妈妈于 2007 年诞生，其商业模式为"中小网站站长将广告位放到阿里妈妈上如同商品一样销售"，即广告就是商品。阿里妈妈的使命被表述为"让天下没有难做的广告"。

2009 年 9 月，阿里巴巴集团宣布成立"阿里云"，目标是打造以数据为中心的先进云计算服务平台。

淘宝网的社交网络服务（SNS）淘江湖于 2009 年 4 月启动，让网络购物不再是一对一行为，卖家作为信息源，买家的参与转发扩散形成多层次的传播效应。

2007 年 6 月，阿里巴巴与中国建设银行和中国工商银行联合推出中小企业贷款，主要面对网络商户。在贷款项目执行过程中，阿里巴巴和银行共同建立了信用评价体系与信用数据库，一方面减少暴露风险，另一方面帮助企业降低贷款门槛。2010 年 6 月，浙江阿里巴巴小额贷款股份有限公司成立。

（5）从大淘宝到大阿里

2008 年 9 月，阿里巴巴启动"大淘宝"战略，即"大淘宝就是要做电子商务的基础服务商，让用户在大淘宝平台上的支付、营销、物流以及其他技术问题都能够做到顺畅无阻"。

2010 年 6 月，淘宝网正式推出"淘宝大物流计划"。与合作伙伴投资千亿元建设覆盖全国的物流体系，以推动社会化物流平台的建设，解决中国电子商务发展的物流瓶颈。

2011 年 6 月，"大淘宝"战略升级至"大阿里"战略，即"大阿里将和所有电子商务的参与者充分分享阿里集团的所有资源，包括所服务的买家群体、商户、制造产业链，整合信息流、物流、支付、无线以及提供以数据分享为中心的云计算服务等，为中国电子商务的发展提供更好、更全面的基础服务。"

（6）阿里巴巴业务升级

2012 年 1 月，淘宝商城宣布更改中文名为天猫，加强其平台的定位。2012 年 7 月，阿里巴巴集团宣布将现有子公司的业务升级为阿里国际业务、阿里小企业业务、淘宝网、天猫、聚划算、一淘和阿里云七个事业群。

2015 年 9 月 8 日，阿里巴巴集团与全球领先的零售贸易集团麦德龙宣布达成独家战略合作，麦德龙官方旗舰店将入驻天猫国际。作为德国最大的零售贸易集团之一，麦德龙将和阿里巴巴联手，在商品供应链、跨境电商和大数据方面紧密合作，成为阿里欧洲战略的重要合作伙伴。

2016 年 2 月，阿里巴巴集团与国家发展改革委签署结合返乡创业试点发展农村电商战略合作协议。未来三年，双方将共同支持 300 余试点县（市、区）结合返乡创业试点发展农村电商。试点采取三年滚动的实施方式，2016—2018 年，每年支持约 100 个试点地区促进返乡创业就业。

2016 年 4 月，阿里巴巴收购了东南亚领先的电商平台 Lazada，帮助已在阿里巴巴平台上开展业务的全球品牌、分销商以及本地商户，覆盖东南亚的买家市场。

（7）阿里巴巴的新零售战略

2017 年 2 月 20 日，阿里巴巴确认签署百联集团，新零售在上海落地。百联集团是一家区域零售商，其线下门店大部分分布于上海，超过 3 300 家。百联集团是上海市场体量、影响力最大的线下零售商之一。

2017 年 11 月 20 日，阿里巴巴集团、欧尚零售（Auchan Retail S.A）、润泰集团宣布达成新零售战略合作。根据战略协议，阿里巴巴集团将投入约 190.02 亿元，直接和间接持有高鑫零售 36.16% 的股份。

2018 年 2 月 11 日，北京居然之家投资控股集团有限公司与阿里巴巴集团共同宣布达成新零售战略合作：阿里巴巴以及关联投资方向居然之家投资 54.53 亿元，持有其 15% 的股份。

2018 年 8 月 2 日，阿里巴巴与星巴克宣布达成新零售全面战略合作，星巴克将依托饿了么配送体系，逐步上线外送服务；同时，基于盒马以门店为中心的新零售配送体系，共同打造星巴克"外送星厨"。

2. 阿里巴巴集团的业务体系

阿里巴巴集团的业务主要有 B2B 业务、B2C 业务和关联业务。B2B 业务包括 1688 网站和阿里巴巴国际站等。B2C 业务包括淘宝网、天猫和全球速卖通等。其他关联业务包括聚划算、阿里妈妈、阿里云、蚂蚁金服、菜鸟网络等。

（1）1688 网站

马云于 1999 年创办了阿里巴巴网站，后改名为 1688 网站，如图 3-17 所示。1688 网站现为阿里集团的旗舰业务，是中国领先的小企业国内贸易电子商务平台。作为阿里集团旗下子公司，1688 网站在 CBBS 电子商务体系中代表企业的利益，为全球数千万的买家和供应商提供商机信息和便捷安全的在线交易，也是商人们以商会友、真实互动的社区。1688 网站以批发和采购业务为核心，通过专业化运营，完善客户体验，全面优化企业电子商务的业务模式。

图3-17 | 1688网站首页

（2）阿里巴巴国际站

阿里巴巴国际站（见图 3-18）是帮助中小企业拓展国际贸易的出口营销推广服务，它基于全球领先的企业间电子商务网站阿里巴巴国际站贸易平台，通过向海外买家展示、推广供应商的企业和产品，进而获得贸易商机和订单，是出口企业拓展国际贸易的首选网络平台之一。

图3-18 | 阿里巴巴国际站首页

（3）淘宝网

淘宝网（见图 3-19）创立于 2003 年 5 月，是注重多元化选择、在中国深受欢迎的网购零售平台。淘宝网展示数以亿计的产品与服务信息，为买家提供多个种类的产品和服务。

图3-19 | 淘宝网网站首页

（4）天猫

天猫（Tmall），也称天猫商城，原名淘宝商城，是一个综合性购物网站，如图3-20所示。

图3-20｜天猫网站首页

（5）全球速卖通

全球速卖通（见图3-21）创立于2010年4月，是阿里巴巴帮助中小企业接触终端批发零售商，小批量、多批次快速销售，拓展利润空间而全力打造的融合订单、支付、物流于一体的外贸在线交易平台。全球速卖通面向海外买家，通过支付宝国际账户进行担保交易，并使用国际物流快速发货。

图3-21｜全球速卖通网站首页

（6）聚划算

聚划算（见图3-22）于2010年3月推出，主要通过限时促销活动，结合众多买家的需求，以优惠的价格提供优质的商品。

图3-22｜聚划算页面

（7）阿里妈妈

阿里妈妈（见图3-23）创立于2007年11月，是阿里巴巴集团旗下的数字营销平台，依托阿里集团的核心商业数据和超级媒体矩阵，赋能商家、品牌及合作伙伴，提供兼具品牌与电商广告的产品及营销平台，帮助客户以消费者运营为核心打通品效全链路，实现数字媒体（PC 端＋移动端＋多媒体终端）的一站式全城选择。

图3-23 | 阿里妈妈网站首页

（8）阿里云

阿里云（见图 3-24）创立于 2009 年 9 月，致力于开发具有高度可扩展性的云计算与数据管理平台。阿里云提供一整套云计算服务，支撑阿里巴巴集团网上及移动商业生态系统的参与者，包括卖家及其他第三方客户和企业。

图3-24 | 阿里云网站首页

（9）蚂蚁金服

蚂蚁金服（见图 3-25）起步于 2004 年成立的支付宝。2013 年 3 月，支付宝的母公司宣布将以其为主体筹建小微金融服务集团，小微金融成为蚂蚁金服的前身。2014 年 10 月，蚂蚁金服正式成立。蚂蚁金服以"让信用等于财富"为愿景，致力于打造开放的生态系统，通过"互联网推进器计划"助力金融机构和合作伙伴加速迈向"互联网＋"，为小微企业和个人买家提供普惠金融服务。

图3-25 | 蚂蚁金服网站首页

（10）菜鸟网络

菜鸟网络科技有限公司简称菜鸟网络，如图3-26所示，成立于2013年5月28日，是由阿里巴巴集团、顺丰速运、三通一达（申通、圆通、中通、韵达快递）等共同组建的。菜鸟网络是以数据为驱动的社会化协同平台。2018年7月，菜鸟网络再次布局同城配送领域，宣布以众包业务和其他业务资源及2.9亿美元战略投资即时物流平台点我达，成为其控股股东。

图3-26│菜鸟网络网站首页

▌思考：

阿里巴巴涉足的业务领域有哪些？举例分析其业务特色。

 本章总结

近几年我国B2B电子商务市场的交易规模一直以较快速度增长。随着我国B2B电商垂直领域的快速崛起，B2B深入到各个产业链的上下游中，特别是以前市场相对比较封闭的钢铁、煤炭、工业品、物流、化工、涂料、玻璃、卫生用品、电子元器件等领域都受到了来自B2B电子商务的影响。基于此，垂直领域B2B的快速崛起为我国B2B电商市场带来了新的"增长动力"，也促进了我国整个电商市场的快速发展。B2B相比其他电子商务形式，发展更快、市场更大，这也使得B2B电商的市场格局由之前的混乱逐渐走向清晰，对企业的服务能力也更加强大。本章选取了具有代表性的第一代B2B模式和第二代B2B模式进行分析，探讨其成功的关键，希望能为企业开展B2B电子商务提供借鉴参考。

课后练习

1. 第一代B2B模式和第二代B2B模式的区别有哪些？
2. 分析B2B电子商务对企业产生的影响。

第4章

C2C电子商务
案例分析

本章学习目标

◆ 了解C2C模式的定义、分类及优势

◆ 理解C2C电子商务交易成功的关键

◆ 学会分析C2C电子商务的盈利模式

4.1　基本知识点

4.1.1　C2C模式的定义

C2C 电子商务即买家（Consumer）与买家（Consumer）之间的电子商务。C2C 模式就是个人与个人之间通过网络，借助第三方支付平台进行交易的电子商务模式，如图 4-1 所示。

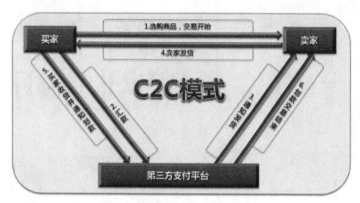

图4-1 │ C2C模式

C2C 模式是继 B2B 模式后兴起的电子商务模式，是建立在网络科技较为发达基础之上的商务模式，是实现绿色经济和人类可持续发展的有效方式，是以诚信为本的买家之间互通有无、相互信赖的商务往来。C2C 模式是电子商务模式中深受人们关注的电子商务模式之一，买卖双方进入 C2C 网站进行交易的流程如图 4-2 所示。

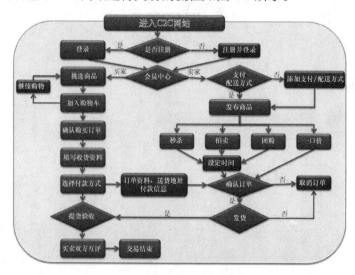

图4-2 │ C2C交易流程

4.1.2 C2C模式的分类

1. 传统C2C电子商务模式

传统 C2C 电子商务模式是指个人通过网络平台将商品卖给个人买家的一种交易模式。传统 C2C 电子商务模式的代表有淘宝网、易趣网、拍拍网、百度有啊等。传统 C2C 电商模式早期的重要发展历程如下。

1999 年，邵亦波创立易趣网，开创中国 C2C 电商模式的先河。

1999 年 8 月，易趣网正式上线。

2002 年 3 月，eBay 注资易趣网 3 000 万美元。

2003 年 5 月，阿里巴巴斥资 4.5 亿美元成立 C2C 电商网站淘宝网。

2003 年 7 月，eBay 斥资 1.5 亿美元全资收购易趣网。

2005 年 9 月，腾讯推出拍拍网，并于 2006 年 3 月 13 日开始运营。

2006 年 12 月，TOM 在线与 eBay 合资，更名为 TOM 易趣。

2007 年 10 月，百度宣布进军电子商务，筹建 C2C 平台。

2008 年 10 月 28 日，百度电子商务网站"有啊"正式上线。

2. 新型C2C电子商务模式

新型 C2C 电子商务模式将电商平台同时开放给产品和服务的提供者和接受者，打破了时间、地点、组织架构（即产品和服务提供方）三个维度的限制，产品和服务可以更加标准化，平台可以两头赚钱，盈利也就更加容易。新型 C2C 电子商务模式也可以理解为"去中介化"，直接把买家跟服务者连接。例如，短期租赁网站 Airbnb（全球最大的房屋租赁平台之一）把闲置的民宅和租房者连接，河狸家把美甲师和做美甲的女性客户连接，PP 租车把闲置的车跟想租车的人连接，法斗士、法宝网等网站把律师与客户进行连接。新型 C2C 电子商务模式的优势是显而易见的，不仅费用低廉，手续简单，而且机动灵活，销售时间不受限制，使每个环节的参与者都受益，最重要的是在社交网络中，新型 C2C 对于好服务的口碑传播有着极强的优势，每个买家享受完服务后，都可以通过晒单的方式帮助品牌进行二次扩散。

4.1.3 C2C模式的优势

C2C 模式通过为买卖双方提供了一个在线交易平台，使卖方可以主动提供商品上网拍卖，而买方可以自行选择商品竞价，其优势体现在下面几个方面。

（1）C2C 模式最能凸显互联网的跨时空、跨地域的特点。数量巨大、地域不同、时间不一的买方和卖方可以通过一个平台找到合适的对家交易，这是传统交易难以做到的。

（2）C2C 模式无须商店，无须仓库，没有任何中间环节。买卖双方直接交易，大大降低交易的成本。

（3）C2C 模式突破了时间的限制，真正实现了全天候、永不停顿的企业运营。买卖双方可以随时随地完成交易，大大提高了交易的灵活性和方便性。

（4）C2C 模式互动性较强。买卖双方可以无障碍地充分沟通信息，借助拍卖、秒杀等定价机制，实现最大限度符合双方各自意愿的交易，同时由于庞大的互联网人群，使交易达成的可能性大大增加。

4.2 淘宝网：国内领先的C2C电子商务网站

4.2.1 淘宝网概况

淘宝网是国内领先的个人交易网站（见图4-3），是由阿里巴巴集团在 2003 年 5 月投资 4.5 亿元创办的。2003 年 10 月，淘宝网推出第三方支付工具"支付宝"，以"担保交易模式"使买家对淘宝网上的交易产生信任。2004 年，淘宝网推出了一系列的免费措施，在电视、网络上进行了地毯式轰炸推广，并且推出"淘宝旺旺"，将即时聊天工具和网络购物联系起来。从 2004 年 2 月开始，淘宝网快速成长为仅次于 eBay 易趣的 C2C 网站。2005 年，淘宝网超越 eBay 易趣。5 月，淘宝网在线商品数量突破 700 万，并且首次突破了单季 10 亿元的成交量，超越日本雅虎，成为亚洲最大的电子商务网络购物平台之一。2006 年，每天有近 900 万人上淘宝网"逛街"。2007 年，淘宝网不再是一家简单的拍卖网站，而是亚洲最大的网络零售商圈之一。

图4-3 | 淘宝网首页

2010 年 1 月 1 日，淘宝网发布全新首页，此后聚划算上线，然后又推出一淘网。2011

年 6 月 16 日，阿里巴巴集团旗下淘宝公司分拆为三个独立的公司，即沿袭原 C2C 业务的淘宝网、平台型 B2C 电子商务服务商淘宝商城（后改名天猫）和一站式购物搜索引擎一淘网。2018 年 8 月 8 日，阿里巴巴淘宝正式进军 MR（混合现实）购物领域，在 2018 年造物节（淘宝一年一度的线下集市）上推出产品——淘宝买啊。在"淘宝买啊"帮助下，买家可以实现"所看即所得"——目光所及之处，商品信息即被智能识别，与之相伴的评论、攻略等资料也将一应俱全，在"淘宝买啊"的世界里，每一件商品都是全息的、立体的，各种信息一目了然。

4.2.2　淘宝网的运营模式

淘宝网倡导诚信、活泼、高效的网络交易文化。在为淘宝会员打造更安全、高效的商品交易平台的同时，也全心营造和倡导了互帮互助、轻松活泼的家庭式文化氛围，让每位在淘宝网进行交易的人，交易更迅速高效，并在交易的同时交到更多朋友，成为越来越多网民网上创业和以商会友的最先选择。

1. 商家的选择策略

淘宝网设立初期所面临的市场环境是：一方面，与美国 eBay 结盟的易趣网垄断着当时的中国网络零售市场；另一方面，中国传统企业尚未接受网络销售形式，但个体性互联网用户却已经表现出通过网上交易为自己创造真实价值的强烈趋向。为吸引商家入驻，迅速抢占市场份额，淘宝网对商家采取了任何人都可入驻开店的策略，即不要求商家拥有实体店铺，对入驻商家不收取费用。网络无费用开店和低资质要求的低门槛政策，为所有拟创业的个人提供了网上低成本创业的机会，吸引了大量的商家。经过两年时间，淘宝网就超过了易趣网，占据了 C2C 电商的 60% 市场份额。

2. 商品的营销策略

品种齐全是淘宝网的第一个特征。淘宝网现有商品十几亿种，是商品种类最多的电商网站。一方面，淘宝网对于商家的限制很少，带来了远比实体店铺更为复杂和广泛的货源；另一方面，由于淘宝网商家数量众多，商家在寻求差异化的同时，使被实体店铺所轻视的低端商品也可以进入淘宝网。商家为了使自身商品拥有差异化的特征，不断向长尾的末端发展，低端非品牌、低附加值的商品也品种齐全。这极大地满足了买家的个性化需求，"只有想不到的商品，没有买不到的商品"成为对品种齐全的淘宝网最恰当的写照。

淘宝网的另一个特征是远低于实体店铺的商品价格。在信息化时代，商品价值和价格趋于透明化，价格竞争就成为商家比较常用的竞争手段，而淘宝网则将这种价格竞争手段发挥得淋漓尽致。实际上，这种低价格特征也恰恰迎合了年轻化的网络购物买家群体的需求。商品齐全、价格低廉成就了淘宝网"以低廉价格寻找到个性化商品的网络零售网站"的美名。

3．商品的配送服务

淘宝网并没有像京东一样自建自营物流体系，而是将价值链相关方企业作为一种经营资源纳入自身电子商务模式流程内，通过不同企业间的横向联合——协作的方式来完成一个完整的价值链方案。具体而言，就是采取"推荐物流"战略，即由淘宝网依靠其整体优势，与网络成熟、服务覆盖范围大的物流公司结成战略伙伴关系，并规定由淘宝网参与监督和督促物流公司处理投诉和索赔。淘宝网通过"推荐物流"战略，为淘宝网商户提供物流服务的内容，如服务价格、内容、方式、赔付条款达成优惠协议，而与淘宝网签约的战略物流伙伴则进入淘宝网向商家推荐的物流公司名单，可通过与淘宝网对接的信息平台接受淘宝网用户的订单。

淘宝网还于2010年推出了淘宝"大物流计划"，即由淘宝网联合国内外仓储、快递、软件等物流企业组成服务联盟，提供"一站式"电子商务物流配送外包服务，解决商家货物配备和递送问题。2013年，阿里巴巴集团投资菜鸟网络科技有限公司，致力于为淘宝网提供更加优质的物流配送服务。

▎4.2.3　淘宝网的盈利模式

一个成功的购物网站的商业模式，不仅要在现有的市场环境背景下利用互联网技术重建完整的购物流程和价值链，而且必须拥有一个能够维持网站生存的盈利模式。淘宝网的盈利来源于广告收入、增值服务费收入以及其他的收益。

1．广告收入

淘宝网从2007年7月开始，正式启动网络广告业务，广告收入是淘宝网早期最主要的盈利方式。以2010年为例，淘宝网总收入大概是50亿元，其中广告收入为40亿元，占总收入的80%。

淘宝网的广告收入主要通过以下方式获得，即淘宝直通车（CPC）、钻石展位（CPM）、淘宝客推广等。

（1）淘宝直通车

淘宝直通车是淘宝网广告收入的主要来源，占据了淘宝网广告总收入的80%左右。淘宝直通车展现在淘宝网页面右侧和下侧，由商家自行从后台设置直通车相关关键词出价。淘宝直通车是淘宝商家最见效的广告模式，也是为淘宝带来利润的一个重要来源。淘宝直通车是一种由淘宝商家参与的竞价模式，类似于百度推广。淘宝直通车是雅虎中国和淘宝网共同开发的搜索引擎模式，它将商品在雅虎搜索引擎和淘宝网上进行展示，根据卖家对单件商品的出价进行排名，并按实际点击次数付费。淘宝商家可以为每个关键词最低出价0.05元，每次加价最低为0.01元。

淘宝直通车占据独特的优势。首先，淘宝直通车属于垂直搜索引擎，即淘宝的商品不能在其他搜索引擎（雅虎除外）上展示，这样势必引来很多卖家竞相出价。其次，淘宝直通车是一种点击付费的精准推广方式，但并不是只要出价就能得到很好的排名，淘宝直通车会把同一关键词出价相同的卖家进行比较，信用高的卖家排名相对靠前，从而净化了淘宝网的环境。另外，直通车用户还可以参加更多的淘宝促销活动，有不定期的直通车用户专享活动、淘宝单品促销的活动等，商家可以报名参加各种促销活动。

（2）钻石展位

钻石展位是淘宝网图片类广告位竞价投放平台，是为淘宝卖家提供的一种营销工具。钻石展位依靠图片创意吸引买家点击，获取巨大流量。钻石展位是按照流量竞价售卖的广告位，计费单位为 CPM（每千次浏览单价），按照出价从高到低展现。卖家可以根据群体（地域和人群）、访客、兴趣点三个维度设置定向展现。钻石展位为卖家提供近 200 个淘宝网内优质展位，包括淘宝首页、内页频道页、门户、帮派、画报等多个淘宝站内广告位，每天拥有超过 8 亿的展现量，还可以帮助卖家把广告投向站外，涵盖大型门户、垂直媒体、视频站、搜索引擎、中小媒体等各类媒体展位。淘宝上很多优质展位的广告价格，一般都是以天为单位报价的。淘宝上大卖家比比皆是，因此钻石展位的价格基本在一天几万元。

（3）淘宝客推广

淘宝客推广是一种按成交计费的推广模式。淘宝客指通过推广赚取收益的一类人，淘宝客只要从淘宝客推广专区获取商品代码，任何买家（包括淘宝客自己）经过淘宝客的推广（如链接、个人网站、微博或者社区发的帖子）进入淘宝卖家店铺完成购买后，淘宝客就可得到由卖家支付的佣金。在淘宝客推广中，有推广平台、卖家、淘宝客以及买家四个角色。淘宝客推广平台帮助卖家推广产品和帮助淘宝客赚取利润的同时，抽取每笔推广交易的服务费用。

2．增值服务费收入

淘宝网的增值服务费收入主要有淘宝网相关插件及租金收入、开放平台在线软件收益分成和游戏平台收入分成等。

（1）淘宝网相关插件及租金收入

2008 年，淘宝网推出一项新的增值服务——"淘宝旺铺"，即由淘宝网为卖家提供更加专业、个性的店铺页面，以及更加强大的功能，以帮助卖家塑造店铺形象，打造店铺品牌。相应地，卖家则向淘宝网支付该项技术和软件使用费用，而使用了该项软件和技术的卖家店铺成为淘宝旺铺。淘宝网的战略是"让愿意付费的人付费，不愿意付费的人永远免费"。淘宝旺铺是淘宝提供的一种增值服务，2018 年的收费标准是 50 元 / 月，一次性可以订购 3 个月、半年或者 1 年。截至 2018 年年底，淘宝卖家超过 600 万家，旺铺付费卖家超过 100 万家。如果有 100 万个淘宝商家在用淘宝旺铺，那么仅这一项，淘宝网每月就可进账 5 000 万元。淘宝网的相关插件包括会员关系管理软件、图片空间、统计软件、库存管理软件等。由于淘宝商家基数很大，所以任何一个插件开发出来，都会迅速吸引商家试用，并逐步养成使用习惯，从而为淘宝网带来稳定的收入。

（2）开放平台在线软件收益分成

淘宝网开放平台是大淘宝电子商务基础服务的重要开放途径，它将推动各行各业定制、创新、进化，并最终促成新商业文明生态圈。淘宝网开放平台的使命是把淘宝网的商品、用户、交易、物流等一系列电子商务基础服务，像水、电、煤一样输送给有需要的商家、开发者、社区媒体等，涉及各行各业。淘宝网开放平台成为淘宝网集成软件开发商与淘宝卖家应用的一个接口。淘宝网通过开放平台，获得在线软件的收益分成。

（3）游戏平台收入分成

在大淘宝计划里，淘宝网推出了淘江湖，它是依托淘宝网的一个真实的好友交互平台，同时淘江湖还联合众多第三方优质社交游戏类及生活类应用开发团队，为所有的淘江湖用户提供各种有趣及实用的应用。淘江湖里收获了大量的社交游戏开发商，如开心牧场、开心厨房等，这些游戏为淘宝网带来稳定的收入分成。淘宝网依托其巨大的购物平台，5 亿多的注册会员，任何一个应用软件或者社交游戏，都有机会迅速风靡，而依托于淘宝网上的游戏开发商家，也将有越来越多的机会与淘宝网展开不同层面的合作。

3. 通过支付宝盈利

支付宝最初是为了解决淘宝网网络交易安全所设的一个功能，该功能使用的是"第三方担保交易模式"，由买家将货款打到支付宝账户，由支付宝向卖家通知发货，买家收到商品确认后指令支付宝将货款放于卖家，至此完成一笔网络交易。由于大多数的交易由支付宝完成，支付宝中沉淀了大量的资金。2017 年，淘宝网的交易总金额高达 25 264 亿元，平均每天有近 70 亿元交易额。一般情况下，从买家付款到卖家收款至少要 3 ~ 5 天，如果按 4 天计算，通过交易在支付宝沉淀的资金有 280 亿元。按 4% 的银行利息来算，这么多沉淀资金一年就有 10 多亿元的利息收入。这仅是按照交易额计算的利息收入，还不包括买家和卖家由于个人原因而存在支付宝中更大数额的存款。

可以说，淘宝最核心的盈利模式不是收费，而是依靠支付宝巨额的预收款和淘宝的信用体系进行的放贷业务。由于从银行进行小额贷款手续烦琐，周期过长，淘宝能够根据不同商家的信用，设置放贷标准，而无须其他担保，深受商家和企业的欢迎。

4.2.4　淘宝网的模式分析

淘宝网是国内 C2C 电商的领导者，其成功的关键在于不断地创新。

（1）淘宝网独特的即时通信工具——阿里旺旺

网络购物虽然超越了实体店铺购物在时间和空间上的限制，但买家无法像在实体店铺购物那样能直接接触到商品实物，并与卖家就商品进行即时沟通。淘宝网从网站设立初始就为商家和买家开发了专有的免费网上即时通信软件——淘宝旺旺，买卖双方可以在交易前后免费使用该软件进行用户间的文字、语音、视频通信的即时沟通。后来，"淘宝旺旺"

与阿里巴巴 B2B 网站的即时通信软件"阿里巴巴贸易通"整合为"阿里旺旺",成为中国仅次于 QQ 和 MSN 的即时通信软件。

（2）具有第三方支付功能的结算工具——支付宝

支付结算问题是制约早期中国电子商务进一步发展的瓶颈。淘宝网的解决方案是，除了与国内金融业者合作以向买家提供信用卡、货到付款、网上银行等支付方式之外，自行建立了具有第三方支付功能的结算工具——支付宝。支付宝最大特点是同时解决支付问题与信用问题。第三方支付平台的建立，本质上属于在传统商务流程中添加了一个新的环节，该平台介入的意义在于，在提供货款结算路径的同时在买卖双方间附加了信用担保，最大限度地避免了交易欺诈行为。原本为淘宝网提供支持而开发的支付宝，很快发展为一种独立的电子商务模式，即作为独立的第三方支付平台。支付宝在 2009 年之后开始对所有类型的电子商务提供付费服务，并占据了中国第三方支付市场的主要份额。

（3）淘宝网的信用评价体系

在淘宝网之前，亚马逊曾率先推出商品评价体系，而淘宝网则进一步将评价对象从商品扩展到网络商铺。淘宝网依据交易完成后买家对所涉及交易的评价积分，给予商铺"心、钻石、皇冠"三个信用评级。与此同时，作为买家保护的措施，2007 年之后淘宝网先后推出"买家保障计划""卖家先行赔付"制度，以及"假一赔三""7 天无理由退换货""买家申述、卖家举证"规则。凡是加入上述保障计划的商家，会被授予加入标志。2009 年，淘宝网又宣布设立网购保障基金，在淘宝网上任何店铺购物的买家一旦遇到商品质量问题且和卖家协商未果的情况下，淘宝网可动用该基金对买家进行先行赔付。2010 年 2 月，淘宝网推出国内首个电子商务网站自发组织的买家权益平台，该平台被嵌入买家网上购物的各个细微环节，买家可随时自助地发起维权，并由淘宝网的消费维权人员跟进处理。

▌ 思考：

1. 淘宝网的盈利方式有什么特色?
2. 淘宝网成功的关键是什么?

4.3　拍拍网：国内知名的C2C电子商务网站

▌ 4.3.1　拍拍网概况

拍拍网是京东战略收购的原腾讯电商旗下电子商务交易平台。该网站于 2005 年 9 月 12 日上线发布，2006 年 3 月 13 日宣布正式运营。2006 年 9 月 12 日，拍拍网上线满一周年。

通过短短一年时间的运营，拍拍网成长迅猛，与易趣、淘宝共同成为中国最有影响力的三大 C2C 平台。

2007 年 9 月 12 日，拍拍网上线发布满两周年，在流量、交易、用户数等方面取得了飞速成长。2007 年第二季度，拍拍网的注册用户数量已接近 5 000 万，在线商品数量超过 1 000 万，拍拍网获得了 20% 的增长，并迅速跃居国内 C2C 网站排名第二的领先地位。

2014 年 3 月 10 日，京东与腾讯电商宣布建立战略合作关系，京东将收购腾讯 B2C 平台 QQ 网购和 C2C 平台拍拍网的 100% 权益、物流和资产，腾讯将向京东提供微信和手机 QQ 的一级入口位置和其他平台支持。腾讯将获得京东约 15% 的股份，并在京东首次公开募股时以招股价认购额外 5% 的股份，腾讯总裁刘炽平进入京东董事会。

2015 年 11 月 10 日，京东集团发布公告称，因为 C2C 模式无法杜绝假货现象，所以决定到 2015 年 12 月 31 日停止提供 C2C 模式（拍拍网）的电子商务平台服务，并在 3 个月的过渡期后，自 2016 年 4 月 1 日起，彻底关闭 C2C 模式的电子商务平台服务。2017 年 12 月 21 日，京东正式发布"拍拍"品牌，宣布以平台化的运营思路整合二手市场的正逆向供应链，主打"品质二手"。拍拍成为京东集团旗下的专业二手交易平台，如图 4-4 所示。

图4-4 ｜ 拍拍网站首页

▋ 4.3.2　拍拍网早期的运营模式

早期的拍拍网是中国知名的网络零售商圈，依托于腾讯 QQ 庞大的用户群以及 2.5 亿活跃用户的客户资源，具有很好的发展基础。拍拍网定位于中国电子商务的普及者和创新者，属于明显的 C2C 电子商务交易平台。拍拍网一直致力于打造时尚、新潮的品牌文化，希望与千百万网民共同努力建立一个"用户自我管理的互助诚信社区"，为广大用户提供一个安全健康的一站式在线交易平台。

1. 新型的社会化电子商务交易

拍拍网依靠腾讯社区化平台，与腾讯的其他业务深度整合，融进了 QQ、QQ 群、QQ 空间等多元化资源。在这个强大的网络社区中，卖家与买家可以随时有效地互动交流，这不仅促成了交易，也促进了买卖双方关系链的形成，使平台更具有黏性。早期的拍拍网主要有网游、数码、女人馆、运动、学生、哄抢、彩票七大频道，其中的 QQ 特区还包括 QQ 宠物、QQ 秀、QQ 公仔等腾讯特色产品及服务。

2. 便捷安全的"财付通"支付服务

拍拍网除了提供银行卡等传统的支付手段外，还推出了极具特色的"财付通"支付。在买卖双方的交易过程中，买家可以先把钱打入拍拍特设的一个账号里，一旦钱到位，拍拍网会马上通知卖家发货；而买家收到货并且对货物的数量和质量没有异议后，拍拍网才会将钱支付给卖家。

3. 周到的售后服务

拍拍网推出"7 天无条件退货服务"，为网友网上购物的安全性提供了"双保险"。该服务规定，网友在拍拍网上购买参加"诚保"的商品，如果存在质量问题，买家在 14 天内与卖家协商未果，拍拍网将会先行赔付以确保买家利益。此外，拍拍网上还有一些特别支持"7 天无条件退货"的"诚保"商品，买家在购买这类商品后 7 天内可以无条件退货。

4.3.3　拍拍网运营模式的调整

京东收购拍拍网之后，致力于将拍拍网打造成一个卖家和买家互联互通的 C2C 平台，通过提供包括服装服饰、母婴、食品和饮料、家居家装和消费电子产品等在内的丰富的产品，以满足买家的需求。拍拍网也为第三方卖家提供数据挖掘和分析等增值服务，这些增值服务将帮助卖家对买家和市场做出精准分析，并为其产品规划和开展精准营销提供支持。

1. 资源不再只倾斜大卖家

京东集团于 2014 年对拍拍网进行大幅的流量补贴，包括站内流量和站外流量。其中，站内流量包括 PC 端（焦点投放、拍拍直通车等）、移动端（拍拍 App、手机 QQ、微信）；站外流量包括网络媒体、CRM、社会化媒体等。在流量补贴政策中，拍拍网特别提到将为商家做整站引流、为商家外投进行补贴以及保证位置均衡分布给中小商家等，包括 QQ 空间广告、QQ 客户端广告、QQ 秀以及京东旗下的 DSP 平台"京东商务舱"也将被运用到商家的站外广告投放中。拍拍网的流量分配规则中，商家获取流量将取决于商品质量和商家服务；搜索规则中，销量和价格的权重降低，商品质量和商家服务的权重最重要。

2. 鼓励商家使用移动端微店

拍拍网鼓励商家开设微店，并为商家提供接入第三方微店的运营工具，帮助商家降低微店的运营成本。2015 年 1 月 10 日，拍拍微店 App 上线，用户可登录 AppStore 和各大安卓应用市场下载。拍拍微店 App 是面向卖家的一款开店工具，其突破了传统 PC 端开店的烦琐程序，下载 App 后，只需要通过 QQ 号码登录，就可以完成上传商品照片、编辑商品详情、店铺模板、查询订单、数据统计、提现等诸多店铺管理功能。除了开店方便快速外，拍拍微店 App 还有一个核心功能，即强大的分销系统。卖家用手机登录拍拍微店 App 后，可以在"分销系统"里挑选来自拍拍的优质商品，选好后，可以将这些商品放在自己的店铺里代销，销售完成后直接获取佣金返利，发货和售后都由上游供应商解决，整个过程完全用手机完成。

4.3.4　拍拍网的问题分析

拍拍网十分重视中小卖家的权益，其中最核心的两条原则是："坚决杜绝假货"和"更公平的流量分配体系"。但拍拍网在发展的过程中还是遇到了很多问题。

1．行业地位不稳定

拍拍网在 C2C 电商行业中没有真正拥有稳定的行业地位。对于拍拍网来说，进入 C2C 很容易，只需在 QQ 上做几个广告宣传即可，然后就会有许多 QQ 用户光顾，但大多数人是抱着"参观""逛街"的心态来的，而且很多人已经拥有淘宝或易趣的账户，在满足其好奇心之后，他们在交易的时候还是会优先选择易趣和淘宝，所以拥有广泛的 QQ 用户群体并不能证明其拥有固定的拍拍客户。

2．起步晚，经验不丰富

拍拍网并没有在最佳的时机进入市场。拍拍网于 2005 年进入市场，而当时的淘宝已经历经 3 年多的成长，拥有大量的忠实客户，而中国的 C2C 也在这个过程中已经走向成熟，拍拍网的入市，并没有在这个市场上掀起多大的波澜。而从发展时间的角度上来说，拍拍网也没有足够的经历、经验去和淘宝、易趣相抗衡。

3．没有一个强大的商务网站作为后台支持其运作

像易趣的背后有 eBay 作为后盾和智囊一样，淘宝网的背后有阿里巴巴，可以在必要的时候提供有力的支持和帮助。阿里巴巴是全球电子商务 B2B 行业的佼佼者，能精准把握全球商业动向，是淘宝网成为国内 C2C 电子商务行业领军者的关键。而腾讯并没有经营商务网站的经验，拍拍网在电子商务行业完全是一个新手，想要在这个行业获得成功所要付出的努力可想而知。

4．拍拍网的创新能力不足

从用户的角度来看，拍拍网的功能和服务与其他的 C2C 电子商务企业并无明显区别。在同类型、同服务的网站中，若是没有差异性的产品及服务，企业是很难扩大自身的市场份额并获得更多用户支持的。

思考：

1. 拍拍网早期的运营模式有何特色？
2. 拍拍网没有成功的原因是什么？

 # 4.4　Airbnb：全球知名房屋租赁平台

4.4.1　Airbnb概况

Airbnb（爱彼迎）成立于 2008 年 8 月，总部设在美国加州旧金山市。Airbnb 是一个旅行房屋租赁平台（见图 4-5），用户可通过网络或手机应用程序发布、搜索度假房屋租赁信息并完成在线预定程序。

图4-5 | Airbnb官网

2011 年以后，Airbnb 的用户数量开始高速增长，Airbnb 的发展进入高速期。2017 年 1 月，总部位于旧金山的短期租赁平台 Airbnb 首次盈利，公司营业额增长超过 80%。爱彼迎平台表示，严厉禁止"刷单"等滥用平台评价机制的行为，一旦发现有入驻平台的商家、房东存在违规，将会采取降低房源排名、罚款甚至永久下线、封停账号等措施。

2018 年，Airbnb 用户数量已达 1 500 万，拥有 80 万客房供应者，覆盖 192 个国家和地区的 35 000 个城市。2018 年 12 月，世界品牌实验室发布《2018 世界品牌 500 强》榜单，爱彼迎排名第 425 位。

4.4.2　Airbnb的运营模式

作为一个在线短租平台，Airbnb 采取的是 C2C 运营模式，即平台从每次交易中分别向房东、房客抽取不同比例的佣金来构成平台的主要收入。与传统住宿行业相比，Airbnb

拥有"轻资产、轻运营"的特点。

1. 开放社交网络，打造共情社区

Airbnb 是一个开放性极强的平台，其将服务与可信度高的社交账号紧密联系，使房客运用 Facebook 和 Linkedin 等社交软件时可以看到房主的交际圈，进而对房东的关系网络和房屋概况有大致的了解。此外，利用该平台推出的 Local Lists 功能，房客还能了解到更多的社区信息，如治安情况等。房东也可以通过 Airbnb 的用户档案查询房客的信用评级和互评机制下的历史评论，熟悉房客的信用和偏好，从而为其提供更周到的服务和独特的体验。真实的社交信息与双方的互动沟通减少了信息不对称，让供需双方更贴近彼此，为良好的入住体验奠定基础。

Airbnb 致力于打造共情社区，营造一种"社交旅游"的氛围，为用户带来社区归属感。为此，Airbnb 建立社区中心以促进双方互动，在社区中心里，房东与房客可以建立联系、分享故事和相互咨询意见，甚至可以计划或者加入房东见面会。平台充分运用用户内容生成机制，鼓励买家分享入住体验，如专为分享用户入住时的快乐和精彩瞬间打造的"Airbnb TV"频道，不仅强化了用户参与感，增加黏性，而且让买家在分享中传递品牌理念、进行品牌推广，借由社交网络吸引更多的潜在买家。除此之外，Airbnb 还建立了用户推荐系统，运用客户的社交关系拉动买家数量增长，如用户可以通过邀请好友或馈赠好友礼品卡的形式获得房租折扣或代金券等优惠。通过在社交平台中建立用户分享机制，Airbnb 满足了买家的交友需求和情感需求，从而提高了买家的好感度与忠诚度；并巧妙地运用买家之间的社区效应，拉动客户数量的增长。

2. 建立战略合作，完善价值网络

Airbnb 打破了传统的价值链思维，构建包括供应商、合作伙伴、客户、渠道伙伴以及竞争对手在内的价值网络，使自身成为一个资源整合平台，打造一站式在线旅游生态圈。高效、多元的价值网络充分融合各企业资源，通过模块化协同合作，为用户提供更具价值、更高质量的产品与服务。价值网络是平台企业竞争力的重要构成，能够打通产业上下游，减少绝大部分的沟通成本和时间成本，因而是平台企业商业模式不可缺少的部分。

Airbnb 主要通过谨慎选择合作战略伙伴，建立有效的沟通渠道机制，来完善并拓展在线短租平台的价值网络。利用企业业务及需求的互补性，推动价值传递创新，实现用户、资源、渠道与信息的共享。Airbnb 通过构建价值网络，不仅提高了在线短租服务的质量，实现了平台服务的增值，而且能够将业务延伸至在线短租之外的领域，拓宽已有服务边界。例如 Airbnb 自 2015 年 11 月开始筹谋拓展航班预订服务，先后与美国维珍航空和达美航空达成战略协作，在差旅服务、短期旅游等方面进行业务创新探索。双方资源的共享无疑提高了 Airbnb 用户出行旅游的效率，同时降低了出行成本，为 Airbnb 打造在线短租出行生态提供助力。除了出行领域外，2017 年 1 月，Airbnb 宣布领投餐厅预订 App Resy，为其涉及订餐领域、开展短期旅行食宿业务提供更多的可能性。

3. 充分利用影响力营销和内容营销

影响力营销能对大量的潜在用户产生潜移默化的影响。如果能有名人或"网红"在社交媒体上推荐某个 App，世界各地的粉丝就会去下载。Airbnb 在影响力营销方面的做法是：首先说服名人或"网红"相信 Airbnb 提供的服务价值所在，然后让他们在社交媒体上发帖，同时植入 Airbnb 的广告，如他们在 Airbnb 上找到的房子非常舒服、惬意等。

在 Airbnb 中，真正起到营销效果的是它的内容。当用户打开这款 App 时，会发现里面的每一篇文章或每一家旅馆的介绍都好似作者亲身经历的一般，用户会用心介绍每一处细节，为用户创造归属感。由用户自发分享的游记也是 Airbnb 的一大亮点，其中会有一些推荐的旅馆、餐厅或其他服务，这些内容不仅能帮助新用户减少工作量，也能帮一些店家进行宣传。游记营销的效果可以通过用户的阅读量来判断，即每一篇内容的点击会为这个目的地标记一点热度，游记营销是 Airbnb 内容营销的一大特色。

4.4.3　Airbnb的创新之处

Airbnb 的商业模式创新主要体现在技术创新、产品创新、服务创新和平台专业化服务创新等方面。

1. 技术创新

Airbnb 作为平台企业，是移动互联网技术的集大成者，从平台的维护、运作到产品与服务的升级、推送都离不开技术力量的支撑。技术创新是平台企业面向多领域、多业态发展的基础，因此 Airbnb 始终非常重视技术。近年来，Airbnb 分别在设计平台专属 App、设备应用远景、精准营销、需求预测等方面进行创新，构建平台在技术上的核心竞争力。在促进资源匹配方面，Airbnb 做出的技术创新尤为突出。例如 Airbnb 推出的 Match 服务，能代替房客向房主发送租房信息，并采用默认服务加速筛选，降低房客的搜索成本，提高供需匹配效率，使房客的体验更加流畅。

2. 产品创新

就房源而言，Airbnb 的房源覆盖公寓、民宿、客栈、木屋、别墅、帐篷、房车及集装箱等，具有多样化和异质性的特点。与传统酒店标准化、同质性强的房间相比，Airbnb 提供的房源通常具有合理或低于平均的价格，且能贴合房客的个性化需求。

3. 服务创新

Airbnb 提供的服务与当地文化情境紧密结合，当地的居家体验及热情好客的接待是 Airbnb 的服务价值核心。体验式服务和文化主题性赋予房客在不同住宿情境下，独一无二的、有归属感的参与体验。Airbnb 针对不同场景为房客深度定制个性化的旅行项目，如伦敦的"做帽子培训"旅行、水石书店的"读书之夜"，以及巴黎老佛爷百货的逛街"下榻"之旅，通过结识陌生人，感受当地文化氛围，让房客拥有具有归属感的、富有文化气息的住宿体验，这种差异化和体验式的服务，是其他旅馆无法给予的。

4. 平台专业化服务创新

为了降低房客的风险，保证房源的真实性和展示房屋的舒适性，Airbnb 签约摄影师为房东提供免费摄影，进行高品质的视觉推广，同时打造一支专业团队向用户提供 24 小时热线服务，提供用户抱怨宣泄渠道，为其提供心理风险保障措施。此外，Airbnb 组织专业人员评估房客的可疑活动，并提供 5 万美元的保证金保障房东的财产安全，同时对房东组织培训，增强其应对意外情况的能力。

▌思考：

1. Airbnb 成功的关键是什么？
2. Airbnb 对于 C2C 电商模式的创新有何启示？

4.5 拓展案例

紫魅：只做紫色生意的淘宝店

如果把买家的需求与电子商务相结合，就会发现电子商务整体已经开始由价格阶段进入视觉阶段。尽管用这样的方式来解释紫魅的店铺定位可能并不完全准确，但当紫魅品牌创始人唐少决定将店铺所有女包换成紫色时，他应该也深信视觉对买家决策带来的冲击。

1. 小到只做紫色的生意

紫魅只出售紫色的女包（见图 4-6）。紫魅尊重个人对于色彩的偏爱，如果买家热爱紫色，紫魅可以满足其对于紫色的喜好。在这里，买家可以一次性买到紫色的手提包、双肩包、斜挎包、旅行包……以后还可能买到紫色的围巾、眼镜、腰带、手链等配饰，甚至是紫色的鞋子、袜子等。

图4-6 | 紫魅的女包

在创立"紫魅"品牌之前，唐少做的是情侣包的生意。尽管听起来小而美，但产品开发既费时又费力，受众的消费能力也有限，因此店铺的客单价和销售额一直不高。

在进行库存量单位（SKU）拓展时，唐少随手发布的一款紫色女包在不借助任何推广的前提下，月销量达到数千，并且持续热销。他想弄明白这种单纯热爱背后的深层原因，因此开始对客户进行"一对一"的深度采访。例如，贵州的一个买家，因为产品图片中有薰衣草的配图，一次性购买 3 个紫色女包，该买家在采访中激动地分享其对于紫色的热爱；在店铺的买家秀中，一些买家也会分享把家装修成紫色、让全家穿上紫色衣服的快乐。

唐少认为，在电子商务时代，商家需要放低姿态倾听买家的声音，洞察买家的共性需求，因为"市场就是买家向往的地方"。"既然这些女人有着对于紫色的狂热追求，恨不得世界都是紫色的，为何我不做和紫色有关的生意？"很快，唐少就开设了紫魅这个以单一颜色为卖点的女包店铺。他没有研究过什么是"小而美"，只是跟着自己敏锐的商业嗅觉实践这一独特的想法。

2. "美"到让买家忘记价格

首先是视觉上的冲击。如今的紫魅，店铺里的视觉要素紧紧围绕紫色：薰衣草、紫罗兰、紫色郁金香、紫水晶……所有"紫色控"无法拒绝的物品都可以在这里找到，店铺介绍和产品描述中也注重营造浪漫、梦幻的场景。买家一进入店铺就被包裹在紫色中，幸福感很强。

其次是了解并尊重每一个买家。对于喜欢紫色的女性买家，唐少总结了一些共性：她们优雅、执着、追求有品质的生活，有自己独立的生活态度，而且"这些女性买家在购买时几乎不会讲价，消费能力也比较高"。为了研究买家，他带领客户团队给每一个成交买家建立详细的档案，除了消费详情外，还包括生日、家庭情况、工作单位，甚至出差频率等，针对不同买家进行个性化营销。根据唐少的分析，一个二线城市生了两个女孩的"紫色控"妈妈和一线城市的成熟白领对于价格的敏感度不同，这就要求营销时提供的产品信息也要有所不同。同时，他将买家对于紫色的爱好进行分级管理，为"超级紫色控"建群，每次新品上线，唐少会先在这群老客户中进行试用，让她们提交体验报告，在客户自己注明的可接受价格范围的基础上略微降价，制造买家"赚了"的感觉。

紫魅淘宝店上线不到半年时间，重复购买率达到 30%，客单价为 200 元左右，摆脱了女包类目客单价百元以下的激烈竞争。

既然与紫色有关的交易获得了成功，那么在淘宝上选择红色、绿色、黄色是否同样可以获得关注并赢得市场呢？唐少毫不犹豫地表示了肯定。他认为，不管什么颜色，都会有自己的固定买家群体，"非常欢迎别人做其他颜色，这样就可以和紫魅形成互动，我也算找到了一个知音"。但不管做什么样的淘宝店，都需要经历一个人力、物力累积的过程，需要持之以恒、坚持不懈的精神。

思考：

1. 紫魅为什么能够成功？
2. 紫魅是如何进行客户管理的?

 ## 本章总结

　　C2C 电子商务是我国发展比较早的一种电商模式，对人们日常生活产生了深远的影响，改变了人们的购物习惯，解决了我国就业严峻的问题，缩短了发达城市和落后城市之间的差距，甚至在一定程度上还带动了我国农村经济的发展。本章案例中分析的企业，有国内比较知名的两家 C2C 电商企业——淘宝网和拍拍网，以及国际上比较知名的房屋租赁平台 Airbnb。淘宝网通过不断地创新，已经成为国内 C2C 电商的领军者，是国内现阶段最成功的 C2C 电商企业之一。而拍拍网已经彻底关闭了 C2C 电商平台服务，但拍拍网的兴起和衰落给电商企业提供了很多启示，期待我国有更多的 C2C 电商企业能够不断创新，为我国经济的发展做出更大的贡献。

课后练习

1. C2C 电商企业成功的关键是什么？
2. 如何利用 C2C 模式开展电商业务？
3. 可以从哪些方面对 C2C 模式进行创新？

第5章

C2B电子商务案例分析

本章学习目标

◆ 掌握C2B模式的定义、分类及优势

◆ 了解典型C2B电子商务企业的成功所在

◆ 根据企业实际情况进行C2B商业模式的创新

5.1　基本知识点

5.1.1　C2B模式的定义

买家到企业（Customer to Business，C2B）模式是互联网经济时代新的商业模式。真正的C2B应该先有买家提出需求，后有生产企业按需求组织生产，即买家根据自身需求定制产品和价格，或主动参与产品设计、生产和定价，产品、价格等彰显买家的个性化需求，生产企业进行定制化生产。C2B模式改变了原有生产者（企业和机构）和买家的关系，是一种买家贡献价值，企业和机构消费价值的商业模式。

5.1.2　C2B模式的分类

C2B电子商务模式最早产生于美国。在C2B电子商务模式下，买家有购买需求时不再直接去寻找商家，而是把需求信息发布到C2B网站上面，由商家报价、竞标，买家可以自由选择，并与性价比最高的商家达成交易。比较典型的C2B网站有响应网（见图5-1）等。C2B电子商务常见的模式有聚合需求模式、要约模式、服务认领模式、商家认购模式和个性化定制模式等。其中，以聚合需求模式、要约模式以及个性化模式三大模式为主流。

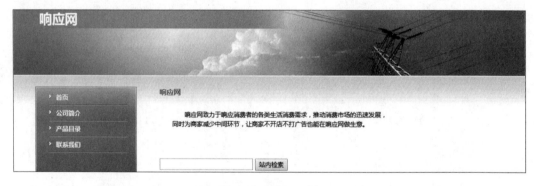

图5-1｜响应网网站

1. C2B电子商务模式一：聚合需求模式

（1）聚合需求模式的含义。聚合需求模式是通过预售、团购的方式将零散买家聚合起来，形成订单后将其提供给商家，商家根据买家的需求进行生产。聚合需求模式可以最大限度地降低商家和买家双方的成本，避免资源浪费。

（2）聚合需求模式的特色。聚合需求模式的特色可以概括为"零库存、保收益"。

商家方面：产品的生产是在已经明确买家需求的情况下进行的，甚至可以选择不同的生产地点，从而降低运输成本，实现产品零库存。由于买家已经付费，商家已经锁定货款，所以商家不必担心商品卖不出去而影响收益的情况。这种模式从整体上降低了商家的成本，在一定程度上为商家避免了损失。

买家方面：由于商家成本的降低，通过预售方式购买产品的买家可以享受到更低的价格。

（3）聚合需求模式存在的问题。

① 如果聚合的需求较少，不能满足商家批量生产的需求，就会造成单位成本很高，而商家一般不会接这样的订单，如果已经有买家预定，就会对买家造成一定的伤害。

② 如果需求较多，商家是否有能力将产品快速、及时地生产出来也会成为一个问题，如果生产时间过长，买家是不会接受的。

2．C2B电子商务模式二：要约模式

（1）要约模式的含义。要约模式是指让购买方自己出价，然后销售方选择是否接受购买方的价格的模式。这种模式的典型例子是旅游服务网站 priceline。

（2）要约模式的特色。要约模式的特色可以概括为"买家剩余趋零，商家可以提高利润"。

商家方面：要约模式是将价格隐藏，然后商家根据买家的出价决定是否销售，这种方法可以降低买家剩余，对商家十分有利。买家剩余是指买家为取得一种商品所愿意支付的价格与取得该商品而支付的实际价格间的差距。

买家方面：如果买家对一款产品愿意支付的价格是 100 元，而产品的实际价格是 90 元，买家虽然想以最便宜的价格成交商品，但在买家不知道实际价格的情况，100 元买到了想要的商品同样会让买家感到满意。

（3）要约模式存在的问题。

① 在真正的要约模式下，电商交易活动不能只让商家得利，如果只是某一方得利而造成不平衡，那么这种模式也不可能长久。

② 要约模式的问题在于买家之间如果可以互相联系，那么他们就可以用较低的成交价格买卖。而如果买家可以进行多次尝试，从低价开始慢慢提高，从而测出产品的实际价格，那么就失去了要约模式的意义。

3．C2B电子商务模式三：个性化定制模式

（1）个性化定制模式的含义。个性化定制模式是由买家自动发起，并提出个性化需求，商家根据需求生产买家订制的产品，买家为此付出一定溢价的交易过程，买家可以体会到产品的不同。

（2）个性化定制模式的特色。个性化定制模式的特色可以概括为"买家彰显个人特色，商家获得较高的利润"。

商家方面：商家通过生产个性化的产品，可以提高售价，从而获得较高的利润。

买家方面：买家可以在产品中添加具有个人风格的元素，以此来彰显个性。这些个性化的产品是不能量产的，所以它们的价格要比普通的产品高出很多。

（3）个性化定制模式存在的问题。

① 买家的需求不断加强，对于设计和制作要求不断提高，使个性化要求不断升级，商家的生产能力需要不断提高。

② 随着买家需求的不断提高，商家需要对每一个个性化订单付出更多的精力，这样无疑会增加成本。

5.1.3 C2B模式的优势

C2B 模式的优势：以买家为核心，一心一意为买家服务，帮助买家创造一个更加省时、省力、省钱的交易渠道。

（1）省时：买家不必为了购买一件商品东奔西跑地浪费时间，只需在 C2B 网站上发布一个需求信息，就会有很多商家前来竞标。

（2）省力：买家不用再到店里跟商家讲价，只要在 C2B 网站上发布需求时报一个自己能够承受的价钱，凡是来竞标的商家都能接受这个价格。

（3）省钱：C2B 模式会帮助买家找到很多有实力的商家前来竞价格、比效劳，买家可以从中选择性价比好的商家交易。

5.2　尚品宅配：家居C2B无缝衔接

5.2.1　尚品宅配基本情况

尚品宅配是一家专做定制化和个性化的家具企业，不同于其他传统家具制造企业：第一，尚品宅配专做个性化和定制化的家具；第二，尚品宅配是一个嫁接在"互联网上的家具企业"，是一个靠数据来驱动的企业。

尚品宅配采用 C2B 商业模式，可以根据用户的体型、偏好等，帮助用户从款式设计到尺寸构造的全方位个性化定制。同时通过 3D 设计软件及云端设计资源整合能力，在设计端让买家不仅能体验到单个的产品，还能体验整体家居设计。用户满意之后，尚品宅配再开始基于前端提供的数据进行个性化、柔性化的生产制造。尚品宅配完全实现了线上线下整合、按需定产，这种 C2B 商业模式是所有家具行业都期望的商业模式。

尚品宅配是中国 IT 业和家具业跨界融合的一个标杆企业，从一个专门为家具、建材、装修行业企业提供信息化的 IT 企业，演变成"个性化、定制化"家具的龙头企业，是一个典型的信息化与工业化融合的创新型企业。其公司网站如图 5-2 所示。

图5-2 | 尚品宅配网站

5.2.2 尚品宅配的运营模式

1. 尚品宅配的"大规模定制"

为了满足人们对家具多样化和个性化的需求，家具产业正经历着从传统批量化生产模式到小批量、多品种生产模式的转变。因此，如何将客户个性化需求与大批量生产有机结合，成为产业持续发展的关键。在此背景下，"大规模定制（Mass Customization，MC）"的概念被引入家具产业。

（1）大规模定制的内涵。大规模定制是在大批量生产基础上的个性化定制，是试图将大批量生产的速度和成本，与满足客户定制的个性化需求结合起来的一种新型生产模式。它既满足"小批量、多品种"的需求，又保留大批量生产的特性。在家具大规模定制生产模式中，最显著的特征就是以客户为中心，以市场的实际需求拉动生产制造产品，改变以往依靠市场预测的单纯性批量化生产方式，且不同于"多品种、小批量"的生产模式。因此，一方面，大规模定制提高了产品设计效率，缩短了产品的设计周期，降低了生产成本，同时实现了产品的零库存，大大节约了资金；另一方面，大规模定制强调的外部多元化和内部统一化的特征，将"多品种、小批量"的定制转换为以"模块化、标准化"为基础的大规模生产下的定制，解决了产品个性化与大批量生产的矛盾。

（2）尚品宅配的大规模定制。尚品宅配对生产端和销售端的全流程信息化改造工程实施完毕，标志着尚品宅配成功实现"大规模定制生产"的先进模式，能够按照甚至低于传统家具企业的制造成本，为买家提供完全定制化、个性化的家具产品。尚品宅配实现了流程管理数字化、销售服务网络化、生产配送集约化，同等投入下使公司日产能力增长20倍；材料利用率从85%提高到93%；出错率从30%降至3%以下。交货周期从30天缩短到10天左右，实现了零库存，有效提高资金利用率，使年资金周转率达到10次以上，如图5-3所示。"大规模定制生产"模式极大地提升了尚品宅配的核心竞争力，推动了尚品宅配公司从传统家具制造业向现代家具服务业的转型升级，尚品宅配成为国内同行业中首家由传统家具制造业向现代家居制造服务业转型升级的企业，实现了"客户需要什么，我们就设计什么、生产什么”的服务导向型发展模式。

图5-3 | 尚品宅配的资金周转优势

2. 尚品宅配的“客户定制”全新商业模式

尚品宅配将“客户定制流程”分解为上门量房、客户设计、设计师修改、确定方案、生产、送货上门、售后七个环节。另外，考虑到买家的购买习惯，又加入搜索产品信息、体验定制、订单查询三个环节。整个流程由线上和线下两个渠道构成。公司在一些环节上采用线上与买家交互，而在另一些环节上则采用线下与买家交互。当然，还可能在个别环节上同时利用线上线下与买家交互。“客户定制”设计中的细节如下。

（1）买家通过网络渠道搜索产品信息。对买家而言，这样做不仅方便，而且可以掌握比较大的信息量。在此环节，公司注重网上产品信息的发布和“客户定制家具”理念与流程的宣传，引起买家的共鸣和兴趣。另外，考虑到中国买家有去大卖场直接选购家具的习惯，公司在卖场设立实体店进行销售推广工作。因此，在搜索产品信息阶段，公司以线上为主、线下为辅的方式与买家进行交互。

（2）由于尚品宅配的模式对于买家来说还很陌生，所以让买家体验定制家具模式并产生认同是非常关键的一个环节。当买家访问尚品宅配网站时，不仅可以观看该公司为5 000个楼盘设计的家具方案，还可以下载“我家我设计”软件，绘制自家的平面户型图，选用海量家居建材进行虚拟装修。在使用软件感受自主设计家具乐趣的同时，买家会逐渐认识到尚品宅配全新商业模式的优势。另外，由于家具产品的特殊性，多数买家希望能体验实物，所以公司将线下的实体店全力打造为体验中心。这一点也是尚品宅配公司的实体店与普通家具实体店最大的区别：普通家具实体店以销售为主要目的，而尚品宅配公司实体店以供买家体验为主要目的。在体验定制环节，尚品宅配与买家进行线上线下的交互。

（3）当买家在网上办理预约上门量房业务或在实体店填写申请表、与服务人员约定上门量房之后，尚品宅配在当地的实体店会派人免费上门量房。此阶段以线下方式与买家交互。

（4）在设计师了解买家需求阶段，有些买家具备一定的设计专业技能，他们可以通过"我家我设计"软件给出自己的设计并通过网络上传，向设计师更具体地展示自己的需求；而更多的买家则是通过与设计师面对面的交流来表达自己的要求。在此阶段，公司采用线下为主、线上为辅的方式与买家交互。

（5）在设计师修改方案到最终确定方案的过程中，设计师与买家要进行充分的沟通，面对面的交流是主要方式。在这个阶段，公司通过设计师与买家线下交互。

（6）在生产的订单过程中，买家要经过一段时间的等待。此时，如果能够通过网络查询订单，随时了解订单状态，如是否正在加工、是否发货、预计到达时间等动态信息，买家会因为过程的透明而对公司感到放心和满意。所以，公司在官网上设置了"订单查询"功能，方便买家掌握产品生产、运送和到达信息。而买家若对自己的订单有任何疑问，也可以随时在网上提出，公司有专职客服立刻回复。

（7）当公司完成产品生产且免费上门安装后，客服中心的人员会为买家启动售后服务程序。服务内容主要有电话回访和问题解决等。

5.2.3　尚品宅配特色之处

1. 尚品宅配的"交互营销"

尚品宅配非常注重与客户的交互过程，其作用如下。

（1）买家可以实时参与交互活动。这种参与可以是有意识的订单咨询，也可以是随机的、无意识的点击行为。在网上，交互式广告、网络游戏、智能查询、在线实时服务等都有不同程度的交互性，这些成为尚品宅配交互式营销的重要特色。

（2）能增加买家对品牌的忠诚度。与强制性营销相比，交互式营销的买家参与性强，大大缩短买家与产品的距离感。同时，对买家的回应是实时的，沟通手段也更加多样化。买家可以随时随地了解交易的信息，买家与卖家互传信息是双向的，买家对品牌的理解也更加深刻。

（3）形成口碑传播，使买家的黏性大大增强。因为尚品宅配的产品已经与买家的需求融为一体，可以让买家参与到产品设计中去，这是过去传统营销方式不可能做到的。有了这样的互动，买家就是品牌的口碑传播者之一。

（4）低成本的品牌打造方式。有了交互性，买家对品牌的认知更加容易、方便，品牌的建立也会更加容易。

2. 尚品宅配设计部的组织结构

尚品宅配设置设计支持部，把设计支持部划分为前端设计和后端设计两个部分。前端设计师为驻店设计师，主要负责了解客户需求并为之定制设计。这部分人员无须过高的专业设计技术，只需招收普通人员进行培训，使其熟知公司产品信息，能够灵活使用公司设计软件即可。后端设计团队则由具有专业家具产品设计开发经验的人员组成。后端设计师在总部与研发人员一起进行方案设计和产品开发工作。这样一来，将高技术人员放在公司总部，各个销售店由经过培训的人员负责与买家接触，既解决了招聘大量高技术人员的费用问题，也解决了与买家的沟通问题。

尚品宅配设计部的组织结构也可能带来一定的问题，在实施过程中容易造成前端设计师与后端设计师在产品理解上的分歧，造成前后设计有出入。前端设计师没有过高的专业设计技术，只招收普通人员进行培训，容易在与客户的交流互动过程中给买家留下不专业的印象，进而对整个公司的形象产生影响。

▌思考：

1. 尚品宅配的"客户定制"商业模式还可以有哪些改进？
2. 尚品宅配对其他家具企业有哪些启示？

5.3　一米鲜：C2B模式的水果电子商务

▌5.3.1　一米鲜概况

1. 一米鲜的起步阶段

2014 年 11 月，一米鲜联合创始人孙鹏和另外一位"85 后"创始人焦岳（现任 CEO）开始做起水果生意。孙鹏和焦岳之前从未有过交集，他们是在一次活动中偶然认识的，尽管当时前者仍身处第一个创业项目——在线教育行业中，后者任职阿里巴巴，但都热爱美食的两人坚信生鲜市场巨大，用户消费频次高，需求场景多，于是有了创业的念头。

一米鲜两位创始人决定从试错成本最低的校园市场切入。2012 年才从清华大学材料学硕士毕业的孙鹏本来就对学校环境比较熟悉。他们通过调研发现：北京师范大学女生多，购物场景封闭且密集，而校园水果摊处于垄断地位，品质差、价格高。他们商议后决定先从北京师范大学开始他们的业务，首先注册微店，每天上线 4 个左右库存量单位（Stock Keeping Unit，SKU）的水果，并通过扫楼发传单、赞助社团、论坛发帖等方式推广。他们在快递自提点租了一个场地专门放置带有一米鲜 Logo 的冰柜，用于存放水果。每天凌晨，孙鹏会拉出一张订单表格，在凌晨三四点开着一辆租来的面包车从北新桥到新发地的果品市场采购，早上 7 点前送到北京师范大学校园，再在车后备箱里将水果分级，标准化包装成小份的 SKU，最后放到快递自提点的冰柜里。

开始业务的第一天，一米鲜获得 50 笔订单。之后，一米鲜迅速复制到北京其他院校。

一米鲜初步形成了自己的商业模式：学生提前一天在微店下单，次日在冰柜自提。

2. 一米鲜的发展阶段

校园销量稳定以后，一米鲜将市场扩展到商圈、写字楼及社区等，当日下单、次日送达的 C2B 模式成为一米鲜的核心。2015 年 2 月，团队判断校园市场开通后，一米鲜应逐渐挺进人群更为集中、消费能力更高的商圈和写字楼。延续此前的地推经验，他们用下一单就加送一个苹果的地面推广组合方式积累了最早的一批用户。随着配送区域的扩大，一米鲜转向线上运营，开始与众多 App 合作。职场白领为一米鲜打开了更广阔的市场。一米鲜关注白领人群，这个群体对性价比和品质都很在乎，因此需要通过线下推广、线上活动运营，以及对客单价、选品体系的把控，支撑白领用户的留存率。

2015 年年底，一米鲜将目光延伸至社区的消费人群和场景。社区消费人群与校园学生人群不同，1 小时及时性消费强于计划性消费，对品质和服务提出了更高要求，家长会担心孩子的食品安全、家庭食用的营养问题等。水果生鲜做社区业务最大的难点在于供应链，这就需要实现业务升级。一米鲜尝试与当地大型水果连锁店深度合作，并介入采购、品控和仓配体系中，再通过线上线下的运营推动销量。终端由第三方物流或店员配送，覆盖半径由 500 米扩大到 3 000 米，并实现线下店面 SKU 结构化，数据线上化。一米鲜对大型水果连锁店进行平台化管理，输出管理标准，双方执行，最后利润分成。

2016 年，一米鲜水果快递可达城市近 30 座，开通区域为北京、天津、广州、深圳、上海等城市，日峰值订单量突破 10 万单，一天最多销售 700 吨水果，日均销售 50 ~ 100 吨水果。2016 年 12 月 11 日，线下连锁水果零售商百果园和互联网生鲜电子商务一米鲜正式对外宣布以交叉持股方式合并。合并后，将采取双品牌运营策略，共享供应链。一米鲜公司及其团队并入百果园线上运营体系，一米鲜创始人焦岳出任百果园集团副总经理，主要负责百果园电商业务。2018 年 10 月，百果园旗下一米鲜生活开展社区拼团业务，定位中高端社区团购，以水果为主。

5.3.2 一米鲜的运营模式

一米鲜是国内领先的生鲜品牌，致力于让所有人每天都能吃到新鲜、优质、安全、健康的生鲜产品。一米鲜的核心商业模式是以销定采（见图 5-4），也就是 C2B 模式。这种模式成功的关键是需要成熟的销售体系和供应链体系作为支撑。

1. 一米鲜的销售模式

一米鲜主要有两种销售模式，分别为 T+1 和 T+6。前者针对属地的运营商，买家在第一天 24 小时内下单，下午 3 点开始，一米鲜根据销售数据做预测，让各个渠道的供应商将相应水果运送至配送中心（Distribution Center，DC），之后进行货物抽检，生成评估报告，再按照每个批次的平均标准，根据订单分装成标准化的商品。整个阶段可通过识别码溯源到每个供应商。次日凌晨，数百辆货车将数百吨果品运送至人群密集的小型分仓中心——校园自提点和前置仓。上午 8 点左右，第三方物流配送公司的终端配送员开始有条不紊地派单、接单、配送，陆续将在仓时间不到 12 小时的果品送至学生和白领手中。T+6 则是长途区预售模式，如海南荔枝，先在线上做预售，后期根据订单去采摘、运输并发货，以此降低损耗，提高动销率。

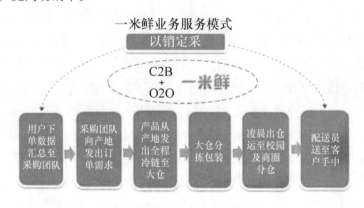

图5-4｜一米鲜的"以销定采"模式

2．一米鲜的供应链体系

C2B 模式能减少库存和流通环节，降低损耗，但是对供应链的管理要求极高。一米鲜十分注重供应链体系建设：在达到一定规模后，一米鲜在非密集地带用"落地配"的方式填充，确保覆盖尽可能多的人群；另外在北京国贸、中关村等核心区域自建了 20 多个前置仓，这些前置仓往往以廉价商铺为主，实现就近配送。从中心大仓到前置仓，水果只短暂停留 1 ~ 2 小时便能被配送出去。

就采购渠道而言，一米鲜充分利用了批发市场和供应商的作用，针对一些采购数量较小的品类，直接从市场进行选拔进货；如果是樱桃、提子等以吨计算采购的品类，则直接从大连、威海等产地的供应商手里进货。全国有 24 个水果主产区，一米鲜选择直接去产地选货，与合作社联合运营，一般每次达到 5 ~ 10 吨采购量。水果很难做到绝对完美的 C2B，但是在这一核心模式之下，根据计划性订单可尽量控制仓内存储区域面积，提高商品动销率（动销品种数 / 仓库总品种数）。C2B 模式下，一米鲜的每日动销率超过 99%。

3．一米鲜的数据部门

在业务上，一米鲜分为三条线，分别为采购线、物流线和运营线。一米鲜除了技术团队，还有专门的商务智能（Business Intelligence，BI）团队负责分析数据，数据部门在整个运营中发挥了非常重要的作用。首先，把整个数据中心工具化和产品化，解决数据分类、展示、工具化等问题；其次，针对一些特定行为定期做数据报告，如一些单笔销量造成的影响；再次，通过每天对销售数据的分析，了解所有地区水果的整体情况，知道什么样的水果卖得好，什么时候要卖怎样的水果等。更进一步说，需要基于数据做销量预估，这样才能保证 C2B 模式的高效运转。在与第三方物流合作时，数据同样是管理的基石，一米鲜严格制定物流挑选标准，控制一个区域内不会超过 3 家物流，然后将所有合作伙伴归纳到一套系统下严格管理，实时反馈执行的每个动作。

5.3.3　一米鲜的特色之处

1．国产水果的标准化、差异化销售

国产水果标准化存在很大问题：第一，从树苗长成果树，需要 3 ~ 4 年，这中间有很多不可控因素，包括肥料选择、土地肥力、生根程度、病虫害治理等；第二，在种植、采摘环节缺失标准化，因为时长、温差等会影响水果的口感；第三，过去的集团化种植变成产区由地方政府合作社来约束管理，中间涉及很多制度、文化及商品品牌保护因素；第四，在销售渠道和下游品牌建设中，需要帮助上游理解哪些商品是销售端喜欢的，这就需要评级和供应链管理，为商品创造更多的价值。

一米鲜打破论箱论斤卖的销售框架，改成"小份"的 SKU 去销售，如图 5-5 所示；水果的品相、果径大小不一，因此要对水果本身做严格的品规管理。国产水果从开园、旺季到下架，由于采摘工艺、期间日照、雨水的变化，每批次到货的口感会不同，一米鲜还需进一步细化区分，以选到标准更高、更独特的商品，确保客户满意。

图5-5｜一米鲜的"小份"销售形式

一米鲜十分注重国产水果的差异化销售。以脐橙为例，一米鲜特别设计了两款产品，一款是普通的赣南脐橙，从当地经销商处进货，与市面上销售的脐橙大同小异；另一款取名"真橙"，走的是品牌路线，是一米鲜自有品牌"甄鲜"系列的精选商品，把控品质，

直接从产地挑选，直发到一米鲜的保鲜仓。此外，以荔枝为例，在其他水果商都在卖"妃子笑"荔枝时，一米鲜选择一种名为火山"荔枝王"的品种，用高端、大个、甜度等维度打差异化竞争。

2. 精细的成本控制

在成本控制方面，一米鲜首先增加了源头直采比例。首先，一米鲜有 90% 以上的商品从各地批发市场进货，2018 年已经有 60% 以上的商品从产地直采，直接在基地完成品控及包装标准化，随后运到就近的大中心仓，压低中间流通环节产生的"过路费"，这就创造了 20% ~ 30% 的成本下降空间；其次，一品鲜精细化管理物流，用标准作业程序（Standard Operating Procedures，SOP）管理多个第三方物流，精细配单量，用智能化手段提高人工效果；最后，在用户形成习惯之后，适当降低补贴，进一步控制成本。

3. 重视客户反馈

一米鲜有大概 50 人的客服团队，他们在收集客户反馈后，会细分定责到最终产生问题的源头。有一些问题由配送员产生，曾有配送员在送货时态度恶劣，严重影响了用户体验，一米鲜会严肃处理配送员甚至开除此人。客诉率按照果品、供应链配送、时效等类别细分，如果超过 7‰，将直接对相应环节的个人进行罚款。

思考：

1. 水果生鲜进行线上运营的困难有哪些？
2. 一米鲜发展过程中还存在哪些问题？

5.4　报喜鸟：上门量体的C2B定制

5.4.1　报喜鸟公司推出定制业务的背景

20 世纪 90 年代，温州一带的服装企业多以制造业为主，企业品牌意识不强。报喜鸟公司董事长吴志泽在通过国外参观学习之后，意识到品牌的重要性，说服合作伙伴采用共同投资进行品牌创立，并通过"特许加盟、连锁专卖"的营销模式和"全国统一价不打折"的承诺，将报喜鸟定位并打造成高端男装。报喜鸟品牌连锁店外景如图 5-6 所示。正是吴志泽这些当时显得十分大胆的想法，让报喜鸟在创立后的十几年一直走得顺风顺水。

随着消费升级，群体标签失去了魅力，个性化力量迅速崛起。具有一定消费能力的中产阶层对服装的设计和时尚有更强烈的需求。光大证券的资深分析师李捷在发布的行业报告中曾预测：大众化定制服装规模空间在 1 000 亿元以上，到 2020 年有望达到 2 000 亿元以上。"互联网 + 定制"的概念在市场也表现火热，七匹狼、乔治白等服饰品牌曾推出过定制业务，但由于定制服装价格昂贵，出货周期长，加上受到量体服务区域的限制，一直属于小众消费。

图5-6 | 报喜鸟连锁专卖店

面对电子商务对传统服饰行业产生的冲击，从 2013 年开始，报喜鸟公司开始面临业绩下降的困境。吴志泽瞄准了定制行业的蓝海，并顺应互联网发展趋势，开展电商业务。2015 年，他选择将报喜鸟线下实行多年的 C2B 私人订制业务转到线上，推出了多元化全品类 C2B 经营模式。2018 年，报喜鸟公司实现营业收入 310 955.11 万元，同比增长 19.55%；实现营业利润 12 271.13 万元，较 2017 年同期增长 192.41%；在定制业务上，持续推进全品类私人定制业务，通过开展意大利外籍量体师、搭配师参与全国巡店活动，实现定制业务的持续增长。

5.4.2 报喜鸟公司的C2B定制业务

量体裁衣是指基于买家精细化的需求进行生产，不需要预测风险，不需要过早投入，且没有库存。但是要满足买家一人一版却不增加过多成本，短时间能实现量产又不降低效率和品质，这些问题让"量体裁衣"模式一直被束缚在金字塔塔尖，成为少数人的游戏。为了降低这道门槛，报喜鸟在 2014 年花费了上亿元打造智能化工厂。

在报喜鸟公司推出的C2B 定制业务中，从买家下单到收到货只需10天，如图5-7所示。当买家通过线下门店、电话或者报喜鸟的天猫官方旗舰店等各个渠道下单，数据将自动传到后台，生成纸样、自动排料等相关文件，整个过程不需要人工干预，直接连接激光或者刀裁床，完成自动制版、裁剪。

同时，每件下单衣服都将拥有唯一编码，该编码会被转入专属芯片，芯片会随着这个订单流转到每个车间，工人进行缝合以及制作工艺时，可以通过解码器读取芯片信息，获取工艺分解图。这让服装、面辅料等可以精确到个体识别和控制，一人一版的定制生产也可以像流水线生产般准确快捷。

图5-7 | 报喜鸟10天交付成衣

通过承接来自报喜鸟公司全国各地的订单，智能化工厂一年的产能可以达到 10 万套。2016 年，定制业务的销售占比已经达到报喜鸟公司总营业收入的 17%，而这是在报喜鸟成衣销售额没有下降的前提下，找到的新的增量市场。2018 年，尽管线下还是占据着主要的定制单量，但是线上业务的成长不容小觑，从定制业务上线后，报喜鸟天猫官方旗舰店一直保持着 50% 以上的年增长速度。

5.4.3　报喜鸟公司的特色之处

1. 智能化生产，缩短定制周期

2014 年，报喜鸟公司投入 1 亿元布局工业 4.0 智能化生产，完成第一条智能化生产线的改造，这也是报喜鸟公司定制业务时间承诺的底气所在。

改造后的生产线通过对 CAPP（计算机辅助工艺编制）、RFID（射频识别）、智能吊挂、智能 ECAD（电子电路计算机辅助设计）、自动裁床和 EWMS（仓储管理信息系统）等系统建设，以及 Hybris 电子商务平台的二次开发改造，与国内专业软件厂商合作开发虚拟现实仿真技术与 3D 渲染技术，构建 PLM（产品生命周期管理）、CRM（客户关系管理）、SCM（供应链管理）等系统，可以实现一单一流、一人一版、一衣一款的全品类模块化客户自主设计。通过这条智能化生产线，工人每天可完成 3 ~ 4 件服装的生产，这与传统成衣流水线生产的效率差距只有 10% 左右。

简单来说，报喜鸟公司从买家下单到商品出货只需要 10 天左右，完成这一流程只需要三个步骤。

（1）当产生非门店订单后，报喜鸟公司会派出量体师和搭配师上门给买家进行量体和搭配建议，除了常规的皮尺、面料册等工具外，还会配备一个 iPad，为买家展示产品的搭配效果。

（2）采集完成数据后，每个订单在报喜鸟公司中都拥有唯一编码，这一编码输入芯

片，植入智能衣架，开始流转到每个车间。芯片中存储着订单相关的所有信息，包括面辅料、裁剪方式、工艺操作图等。

（3）在服装完成自动打版、裁剪之后，每道工序上的工人可以通过无线射频识别器读取订单操作信息，按照操作示意图完成工序操作，在一道工序完成后，衣物会带着所有物料来到下一个工位，直至所有工序完成，打包出货。

2. 数据汇聚，分析个性化需求

经过多年对于订单、工艺、原材料、供应商、生产制造、仓储物流等数据的汇聚，报喜鸟公司搭建了包含不同流行元素的版型数据库、款式数据库和工艺数据库。2018 年，报喜鸟公司通过互联网平台和智能制造平台积累行业数据 10 亿条以上，可以为不同客户提供不同的版型组合和个性化的面料和配件。相比于一般绣字、绘图等轻定制，报喜鸟公司做的是重定制，从版型到面料、工艺等，买家都可以自主选择。针对用户的个性化需求特征的挖掘和分析，报喜鸟公司通过样本数据采集分析，让服饰剪裁更加符合中国人的身材，客户的年平均定制次数可达 1.5 次。

▌ 思考：

1. 报喜鸟公司的 C2B 定制业务有哪些优势？
2. 报喜鸟公司的 C2B 定制业务如何才能进一步拓展渠道？

● 5.5 拓展案例

请出价：号称有史以来"身价最高"的微信服务号

"请出价"号称有史以来"身价最高"的微信服务号，估值达 1 亿元。2015 年 3 月 31 日，京东股权众筹上线当天，"请出价"为融资 1 000 万元出让的 10% 股权，很快被认购一空，估值轻松突破 1 亿元。"请出价"实际上是一种新形式的电子商务，由买家出价，平台做订单搜集，然后带着订单与卖家协商，从而在产品定价的层面上实现了"C2B"逆向定制。在这一交易过程中，产品、社群和交易通过互动与转化，构成一种新的电商形态。在新形态中，商家最有价值的资产不是商品，而是数据和客户关系。

"请出价"微信服务号之所以能估值 1 亿元，原因不在于其售卖的产品，而在于其商业模式。"请出价"让人们看到了一种新的电商形式——C2B 电商的雏形，而 C2B 则早已被众多行业意见领袖和业内观察家认为是未来有可能颠覆淘宝模式的产业发展方向之一。

1. "请出价"的C2B商业模式

众所周知，阿里巴巴集团最为人所称道的就是在战略上的远见。而"请出价"创始人张帅就出身于阿里巴巴，他在硕士毕业后就进入了阿里知识产权团队，这一团队是阿里巴巴知识产权系统的核心搭建者，号称是阿里巴巴的"神盾局"，后又转到淘宝网运营二部，在电商运营领域有丰富经验。"请出价"项目是张帅于2012年8月从阿里巴巴出来后的个人第三次创业。此前在淘宝内部，经常会组织各种各样的讨论组，其中一个话题就是"怎样可以干掉淘宝"。当时的结论是，用淘宝的方式无法干掉淘宝，必须用"降维"攻击才有可能。这种"降维"可以有多种形式：一种是美丽说、蘑菇街类电子商务；另一种是"请出价"这样的C2B模式。

张帅参加过创业黑马学院，系统的学习和与资本的真正对接，促成他完善出了现有"请出价"完善商业模式。如今的"请出价"在部分环节上实现了规模化的C2B，它不是在产品本身上实现的，而是从价格方向打开了缺口。

与现有商业模式中卖家主导定价权不同，"请出价"尝试由"买家主导价格"。"请出价"通过展示一个热门产品，做逆向C2B的订单搜集，从而获得客户对该产品的意向和心里价位，并收取1%的定金（交易没有完成，定金退给买家），拿到这个价格区间后，再去跟大品牌厂商谈判获取最低的价格。之后在上述出价区间中，选择一个有利于多数客户的价格，在该价格之上的全部按照客户出的最低价格成交；在该价格之下的，也可以与客户再次协商，甚至可以在略微赔钱的情况下，满足部分客户的出价。"请出价"商业模式的亮点在于可以寻求一个更有利于买家的成交价格，这个价格往往低于市场价格。

2. "请出价"的产品定位和价格定位

在商业模式的设计中，一个重要环节是产品定位和价格定位。"请出价"的产品定位和价格定位富有中国特色，充分考虑了买家追求"物美价廉"的心理，如图5-8所示。

图5-8｜"请出价"的产品定位

"请出价"设立的产品定位和价格定位，是得到了Costco（美国零售商巨头）的启发。Costco经营30多年屹立不倒，而且在2017年美国买家满意度指数对大型零售商的排名中名列前茅。

张帅曾经与朋友们一起去过美国的Costco。他看到，朋友们在Costco购物十分狂热。原来，在Costco任何一件商品只有1%～14%的毛利率——超过了14%都需要CEO特别批准，这样的价格对于买家来说是相当有吸引力的。

一方面，"请出价"本身并没有产品和生产线，只能在营销渠道和产品定位上下功夫。在后台，"请出价"做得最多的是收集买家价格意愿，以确定更加有针对性的商品品类和价格，以此节省人工、库房和管理成本。

另一方面，张帅看到，虽然 Costco 的商品琳琅满目，但每种商品只有两三个品牌，且非常精致。Costco 只有 3 500 种商品，而且每种商品都是精挑细选的。因为 Costco 有一个要求，要让买家在 Costco 看到十件商品时至少对其中的一件是感到惊喜的。所以"请出价"现在的主打产品就是轻奢品和限量产品，iPhone 系列是其中的代表——"请出价"曾经上线的定制版 iPhone6，在很短时间内取得了数百万元的交易额。

3."请出价"用社群实现用户获取

产品定位和价格定制只是新形态电子商务商业模式的一部分，它还缺少一个关键环节——用户的获取。

互联网电子商务的演进分为三个层次：最初是以产品为中心，然后是以平台为中心，而将来很可能是以社区为中心。与传统的电子商务面向的许多客户只是"小白用户"不同，新的电子商务必然是一种基于社群的电子商务。以最低的成本构建用户社群，也是"请出价"选择微信服务号的原因之一。

在移动互联网时代，社群的建立有了更简化的选择，就是微信朋友圈。毋庸置疑，微信中的电子商务是基于移动社交而产生的一种人格背书经济，这是一种信任经济。而现在做得好的微信电子商务，无不都在建立商业化族群，建立口碑经济和信任经济。在微信群的朋友圈里沉淀下来的商业化族群，对某一种产品有着一致的喜好，例如小米的粉丝经济就是最好的例证。

在微信环境下，商家可以通过商品的潜在购买者，将其划分为该类产品的爱好者，从而提取出来，用微信群的方法将这些族群"供养"起来，使之发酵后变得更加精细，更加有黏性。在移动互联网电子商务体系中，产品是媒体属性，流量的入口；社群是关系属性，用来沉淀流量；商业是交易属性，用来变现流量价值。

"请出价"试图形成一个闭环：用户因为好的产品、内容而聚合，进而因参与式的互动、共同的价值观和兴趣形成社群而留存，最后有了深度黏性的用户，用 C2B 模式进行交易来满足用户需求，水到渠成。

4."请出价"的数据分析

与众多在微信朋友圈里销售面膜的"微商"相比，"请出价"的不同点在于，它找到了一种方式，让客户反馈的"大数据"能够真正变成交易的一部分，而不仅充当"广告牌"与"留言板"，甚至可以由"大数据"来决定产品的最终售出价格。

对商家来说，买家定价模式形成了逆团购的交易方式，基于这样的模式集结起来的人形成了"蓄水池"，构成了对商家有价值的大数据。值得注意的是，在"请出价"的拍卖竞价的过程中，商家还可以得到买家对于产品价格和价值最好的预估和判断，形成最真实的数据。

通过潜在客户的数据分析，有针对性地提供产品或服务——C2B 似乎是得到这种数据的最佳途径和最理想的商业生产或消费模式。C2B 这种商业模式的未来前景，很可能大到难以描述。

诚然，"请出价"的未来并不会因为其代表着某种概念上的革新而变得一马平川，但它至少打开了一扇大门，让更多的创业者去思考移动互联网时代如何从数据中揭示趋势，并努力将之转化为竞争策略及攫取价值的方法。

▌思考：

1. "请出价"为什么能被估值 1 亿元？
2. "请出价"还需要从哪些方面进行改进？

本章总结

C2B 模式已经被众多电子商务企业和业内专家认为是未来有可能颠覆淘宝模式的发展方向之一。本章选取了国内比较成功的 C2B 模式企业，它们为国内企业提供了一种全新的商业模式，特别是为电子商务企业探索了一种新的发展方向。在 C2B 模式下，买家权益得到充分体现，个性化需求得到充分满足，因此受到买家的欢迎。C2B 模式电子商务的产生和应用将给整个商业社会带来深刻变革，并给经济和企业的生产经营带来难以估量的经济效益，将引起人们的高度重视。

课后练习

1. 结合实际企业，谈谈 C2B 电子商务模式的优势体现在哪些方面？
2. 分析 C2B 电子商务模式在不同行业的可行性。

第6章

O2O电子商务案例分析

本章学习目标

◆ 了解O2O模式的定义、优势及适合的企业类型

◆ 掌握企业开展O2O电子商务的基本流程

◆ 能够设计企业O2O业务

6.1　基本知识点

6.1.1　O2O模式的定义

O2O 是 Online To Offline 的缩写，即将线下的商务机会与互联网结合在一起，让互联网成为线下交易的平台。从这个意义来说，分类信息网站、点评类网站、团购类网站、订餐类网站等都属于 O2O 范围。O2O 模式最重要的特点是推广效果可查，每笔交易可跟踪，相对传统网络购物更强调互动与体验。图 6-1 形象地解释了什么是 O2O 模式，图 6-2 解释了 B2C、C2C、团购与 O2O 的不同点与相同点。

图6-1｜O2O模式

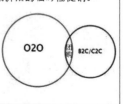

不同点

➢O2O和B2C、C2C的区别：B2C、C2C是在线支付，购买的商品会通过物流公司送到消费者手中。而O2O是在线支付，购买线上的商品、服务，再到线下去享受服务。

➢O2O和团购的区别：O2O是网上商城，团购是低折扣的临时性促销。

相同点

➢以互联网为平台。

➢其核心都是在线支付。无论是B2C、C2C，还是O2O，均是在现实消费者能够在线支付后才形成完整的商业形态。

图6-2｜B2C、C2C、团购与O2O的不同点与相同点

6.1.2 O2O模式的优势

O2O 模式的优势如下。

（1）由于是线下体验服务，因此买家对卖家的信任度相对更高，成交率也更高。

（2）对于连锁加盟型企业来说，O2O 模式能顺利解决线上线下渠道利益冲突问题，而 B2C 模式无法避免线上和传统加盟商的渠道冲突，尤其是价格上的冲突。

（3）对于生活服务类来说，区域性更加明确，买家更加精准，线上推广传播更有针对性。

（4）线下的服务优势得到更好的发挥，具有体验营销的特色。

（5）通过网络能迅速掌控买家的最新反馈，进行更个性化的服务，获取高黏度重复消费。

O2O 模式对线下商家、买家、O2O 平台的影响有以下几方面，如图 6-3 所示。

（1）线下商家：降低了线下商家对店铺地理位置的依赖，减少了租金方面的支出；持续深入进行"客情维护"，进而进行精准营销。

（2）买家：O2O 提供了丰富、全面、及时的商家折扣信息，买家能够快捷筛选并订购适宜的商品或服务，价格实惠。

（3）O2O 平台：带来大规模高黏度的买家，进而能争取到更多的商家资源。本地化程度较高的垂直网站借助 O2O 模式，还能为商家提供其他增值服务。

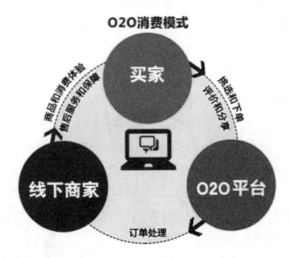

图6-3 | O2O模式对线下商家、买家、O2O平台的影响

6.1.3 O2O模式适合的企业类型

O2O 模式适合的企业类型如下。

（1）连锁加盟型的企业或大型渠道流通品牌商。因为加盟门店分布广，并且有线下

服务优势，借助 O2O 模式，能迅速促进门店销售，进一步扩大连锁加盟商数量。

（2）本地生活服务企业，如餐饮、电影等。因为产品无法快递，只能在线下体验服务，所以可以通过线上下单、线下体验服务的方式抢占更多买家。

目前，旅游、教育、家居、家政、母婴等众多行业都在积极开拓 O2O 业务，期望在互联网领域占到一席之地。图 6-4 所示为 O2O 模式的应用。

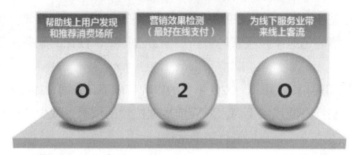

图6-4 ｜ O2O模式的应用

6.2 星巴克：咖啡巨头的O2O实践及启示

6.2.1 星巴克公司概况

星巴克（Starbucks）咖啡公司成立于 1971 年，是世界领先的特种咖啡的零售商、烘焙者和星巴克品牌拥有者。星巴克品牌图案如图 6-5 所示。星巴克旗下零售产品包括 30 多款全球顶级的咖啡豆、手工制作的浓缩咖啡和多款咖啡冷热饮料、新鲜美味的各式糕点食品，以及丰富多样的咖啡机、咖啡杯等商品。1992 年 6 月，星巴克作为第一家专业咖啡公司成功上市，迅速推动了公司业务增长和品牌发展。当前，星巴克公司在北美、拉丁美洲、欧洲、中东和太平洋沿岸国家拥有超过 12 000 家咖啡店。长期以来，公司一直致力于向买家提供最优质的咖啡和服务，营造独特的"星巴克体验"（星巴克门店环境如图 6-6 所示），让全球各地的星巴克咖啡店成为人们除了工作场所和生活居所之外温馨舒适的"第三生活空间"。与此同时，公司不断地通过各种体现企业社会

图6-5 ｜ 星巴克品牌图案

责任的活动回馈社会，改善环境，回报合作伙伴和咖啡产区农民。鉴于星巴克独特的企业文化和理念，公司连续多年被美国《财富》杂志评为"最受尊敬的企业"。

图6-6 | 星巴克门店环境

6.2.2　星巴克的O2O的运营模式

星巴克在其 CEO 霍华德·舒尔茨的领导下，一方面格外注重客户体验，始终致力于提供最好的咖啡及咖啡消费环境；另一方面，星巴克也十分注重利用互联网（Online）来营造线上社区为其整体品牌形象服务，以配合和促进线下（Offline）门店的销售。星巴克接受新事物速度较快，其互联网之路从 1998 年就开始逐步展开。

1. 建立网上社区，使线上为线下服务

星巴克是最早利用互联网的传统餐饮企业之一。早在 1998 年，星巴克就上线了官方网站，以方便越来越多的网民通过网站来了解星巴克。2008 年，星巴克发布了互动网上社区——My Starbucks Idea，以鼓励买家通过这个网上社区给星巴克提建议。星巴克切实重视网民的反馈，截止到 2013 年 3 月 My Starbucks Idea 成立五周年（见图 6-7）时，星巴克共收到了 15 万条意见和建议，其中有 277 条建议被星巴克实施。星巴克通过网上社区鼓励买家提出建议，并在线下门店做出相应调整，建立了其在年轻买家心目中的品牌形象。

2. 门店普及免费网络，吸引线下买家

星巴克把自己定位为客户除工作场所和家庭外的第三生活空间，为买家尽可能提供便利以增强黏性。星巴克早在 2001 年就和微软合作，开始在门店里为买家提供 Wi-Fi 收费网络服务。为提供更好的服务，星巴克逐步把 Wi-Fi 网络改为免费提供，并且逐步放开了使用时长限制。2010 年 7 月，星巴克开始在美国提供无须注册、无时长限制的免费 Wi-Fi。

2010 年 10 月 20 日，星巴克正式启动了星巴克数字网络（Starbucks Digital Network）服务，使买家在星巴克门店内可以通过免费的 Wi-Fi 网络，免费阅读《华尔街日报》《纽

约时报》《今日美国》《经济学人》等付费内容。星巴克提供免费线上服务，为线下门店吸引并留住了大量买家，无论是从收益还是从品牌角度考虑都相当成功。

图6-7 | My Starbucks Idea网上社区五周年数据

3. 利用社交网络，高效进行品牌推广

2004 年 Facebook 上线，2005 年 YouTube 成立，2006 年 Twitter 发布，社交化网络时代的到来，给传统企业带来了前所未有的机遇。星巴克顺应潮流，注册了社交账号，并组建专门团队运营其在 Facebook、Twitter 和 YouTube 上的账号。除了以上几个社交媒体及社交网络外，星巴克也积极利用 Pinterest、Instagram 和 Google+ 等后起社交网络为自己服务。星巴克充分利用了市场上几个主要的社交网络，微信息用 Twitter，社交平台用 facebook 粉丝专页，在线影片用 YouTube 频道，照片分享用 Pinterest。Facebook 是营造轻松互动，交换讯息，告知活动，让网友聊天的场所；Twitter 是在线客服快速回应网友意见，解决网友困惑，发布活动讯息的服务中心；Pinterest 则是营造品牌性格，让网友能一览星巴克想要传递给买家的品牌精神是什么。凭借线下良好的品牌声誉和线上妥善的运营，星巴克成为各大社交网络上最受网民喜欢的餐饮品牌之一。

与传统媒介相比，以 Facebook 和 Twitter 为代表的社交网络和社交媒体能更高效地进行品牌营销推广。由于星巴克的大力重视并积极实践，其已经在主流社交网络及社交媒体上建立起非常好的品牌形象，这对于星巴克把品牌形象渗透到年轻用户，为未来进一步发展打下了良好基础。

4. 积极进行线上线下融合

互联网的一大趋势是社交化，另外一大趋势是移动化。在移动互联网时代，星巴克也已经做好相关准备并取得了不少成功经验。2009 年前，星巴克为客户提供短信查询附近门店的服务，根据客户在其网上社区的建议，2009 年 9 月星巴克正式上线了第一个客户端 My Starbucks，使用户能更快捷地查询到附近店铺及菜单饮品信息。此后，星巴克发布了多款 iOS 和 Android 版的应用，其中 2011 年 11 月发布的 Starbucks Cup Magic App 和 2012 年 6 月发布的 Early Bird App 属于创意型应用，通过带有乐趣或鼓励的方式进行营销，取得了非常不错的效果。

而在对 O2O 至关重要的移动支付领域，星巴克的力度和动作更大。2011 年 1 月，星巴克发布了移动支付的客户端，在第一年里星巴克移动交易金额超过 2 600 万美元；2013 年 1 月，共有超过 700 万买家使用星巴克的移动支付 App。星巴克另外一个举动是在 2012 年 8 月向移动支付企业 Square 投资 2 500 万美元；11 月 7 日，Starbucks 正式在其门店使用 Square 服务。2013 年 1 月初，星巴克在美国的 7 000 多家门店开售 Square 刷卡器，以 10 美元购买激活即送 10 美元的方式来进行促销。星巴克通过自己的技术开发，以及与 Square 的密切合作，已经在移动支付领域迈出了重要步伐，这为星巴克 O2O 线上线下融合及进行更高效管理提供了坚实保障。

5. 积极探索O2O新零售

传统电商时代，人们的消费通常是在电商平台上实现的，用户的体验仅停留在平台上。进入新零售时代，人们的消费则开始更多地出现在场景中，场景消费正在发挥着越来越重要的作用。2019 年 2 月，星巴克中国推出了樱花系列星杯，其中一款"猫爪杯"（见图 6-8）受到买家热捧，不仅线下门店频频售罄，天猫旗舰店的线上抢购也在几秒内被抢空，可谓"一杯难求"。猫爪杯火爆的背后，其实是用户流量的入口已经不只局限在线上平台的表现，线下的场景开始担当更多的流量入口的角色。借助遍布在城市各个角落的星巴克门店，用户可以前往线下的实体店去体验产品，再通过线上的渠道进行购买。

图6-8 | 星巴克的"猫爪杯"

6.2.3 星巴克O2O实践成功经验分析及启示

1. 星巴克O2O实践成功经验分析

星巴克在积极探索 O2O 的道路上取得了巨大成功，一直是最受买家欢迎的美国公司之一。美国餐饮新闻网（NRN）曾经以美国主流的三大社交媒体及社交网络（Facebook、Twitter 和 YouTube）为衡量指标，对各大餐饮企业的社交化程度进行了排名，星巴克以 107.09 的总分高居美国餐饮企业社交化排行榜前列。美国零售行业杂志 STORES 发布的 2018 年度"美国零售百强"榜中，星巴克位居 28 位。

星巴克能取得这样的成功，可以总结为以下几点。

（1）建立强大的品牌优势。星巴克的 O2O 实践的成功依赖于线下建立的强大品牌优势，星巴克在四十多年的发展历程中一直坚持为买家提供最好的咖啡和最佳的服务，其品牌美誉度受到各方高度肯定。

（2）星巴克在利用互联网进行品牌营销和推广的方式上有较多可取之处。星巴克线下已经有大量的用户，所以它在利用互联网进行营销推广时，并不是以增加新买家为第一出发点，而是更加重视维护已有的客户关系。通过互联网和线下已有良好关系的买家建立新联系，依赖忠实客户在网络上宣传星巴克的理念进行口碑营销，最终达到增加新买家的目标。同时，星巴克举办线上创意活动（如个性签名饮品），通过星巴克的奖励项目（My Starbucks Rewards）鼓励买家积极分享，以加强网络传播广度。从O2O的角度来讲，星巴克的线上部分已经高效承担了品牌营销、产品销售及客户关系管理的三重作用。另外，星巴克一向坚持公益，在网上推广时注重把品牌营销及公益紧密结合，号召网民参与的同时提高自己的美誉度。最后，星巴克采取全平台营销，根据 Facebook、Twitter、Pinterest 等平台的不同特点进行对应的运营及开展有针对性的活动。

（3）星巴克积极主动尝试新事物，敢于用新技术去改造和提升其传统服务。与其他传统企业相比，星巴克的创新意识更强，其领导人直接参与和推动线上线下融合，无论是在重视程度上还是在动作力度上都更为果断。星巴克"猫爪杯"的火爆只是一个外在的表现，它深层次代表的是新零售的发展逻辑。星巴克能够重新思考和看待传统的零售逻辑，从而找到线上电商和线下实体店之间深度融合的方式和方法，是星巴克敢于创新的外在体现。

2. 星巴克O2O经验对国内餐饮同行的启示

相比星巴克线上部分的三重作用，大多数餐饮企业并没有从战略上重视线上的作用。虽然很多餐饮企业已经开通了相关的社交媒体及社交网络账号，但利用社交媒体或社交网络的能力还比较弱。大部分企业的官方微博还处在最初阶段，其共同特点是粉丝少、微博文章数量少、与粉丝沟通少。

O2O 线上线下结合是未来的趋势，餐饮企业只有更好地利用互联网，才能有机会成为长盛企业。有实力的本土餐饮企业应尽早建立专门团队，统筹企业的线上营销和销售业务；积极学习和适应社交网络及社交媒体，确保企业品牌在各大平台上的正面曝光；坚持创新，以创意结合礼品赠送等形式来加强和线上用户及粉丝的交流，根据线上意见反馈来完善线下服务。

餐饮行业转型升级很快，餐饮企业应该积极拥抱变化，尽快采用先进的互联网手段，找到线上和线下的融合点，以 O2O 思维努力打造企业未来的核心竞争力。

▌思考：

1. 星巴克采取哪些方式来开展网络营销？
2. 星巴克经验给中国餐饮业带来哪些启示？

6.3 Local Harvest：美国最大农产品O2O平台

6.3.1 Local Harvest公司概况

美国生鲜电子商务 Local Harvest 是连接中小型农场、社区支持农业（Community Supported Agriculture，CSA）农场、买家的平台。它将本地农场信息汇集起来，为买家提供丰富的食物选择。Local Harvest 的理念是"真实的食物，真实的农人，真实的社区"。

其通过地图检索系统使人们能够便利地选购本地农产品。买家输入本地区号，就可以检索到本地农场。物流难度高的农产品，如叶菜和禽蛋，通过本地区宅配就可送达买家手中，有效地降低了因长途运输而带来的高物流费用。Local Harvest 这种专业化的垂直电子商务网站，大大促进了食物生产和消费的透明度和便捷度。图 6-9 所示为 Local Harvest 网站首页。

图6-9│Local Harvest网站首页

6.3.2 Local Harvest的运营模式

美国生鲜电子商务 Local Harvest 是美国最大的农产品 O2O 平台之一，其运营模式表现在以下几个方面。

1. 平台上汇集各地农场商品信息

美国有超过 200 万个农场，其中将近 80% 都是小农场，这些小农场大多数归一些农户或家庭所有，他们把自家农产品放在 Local Harvest 网站（见图 6-10）上直接卖给买家。

2. 买家通过网站或手机App能随时搜索到附近农场信息

Local Harvest 是一个在线农产品搜索社区服务的网站。Local Harvest 将农产品搜索和 Google Maps 技术有机地结合起来，形成一种农产品在线搜索（见图 6-11）和购买的模式。买家输入邮编，便会找到附近的农场、农贸市场、餐馆等。

3. 用颜色识别商店类型

在 Local Harvest 网站首页上有一张地图，其中绿色方块标注的是农场所在的位置，红色代表农贸市场或商店，蓝色表示由附近农场供给的餐馆，紫色则是杂货店所在的位置。

4."品位自然"和"亲近自然"的特色服务

对于买家来说，Local Harvest 的魅力来自其"品位自然"和"亲近自然"的特色。在"品位自然"方面，除了提供日常生活常食用的绿色食物外，还推出了"味觉方舟"计划。该计划旨在寻找将会消失的食物的味道和过去的味道。网站通过搜集大量有特色的食物，如小白火鸡、美洲胡桃、花牛苹果等，让买家体会非同一般的味道。而"亲近自然"则是 Local Harvest 提供给买家与农场互动的平台。农场可在 Local Harvest 网站上发布实地考察、学农和节庆等农场活动信息，让喜欢田园生活、爱美食、爱劳动的买家能够参与到农业的实践中，体验到亲近自然的快乐。最重要的是，买家通过参与劳动实践，更加信任农场，相信农产品的安全可靠性。这是典型的 O2O 模式做法。图 6-12 所示为 Local Harvest 的线下体验店。

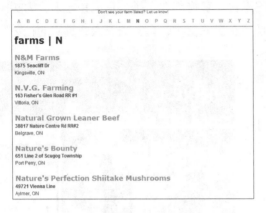

图6-10｜Local Harvest网站上汇集的农场

图6-11｜Local Harvest在线搜索

5. 提供农场管理软件CSAware

对于农场来说，Local Harvest 不只是一个可供售卖的在线交易市场，它还为农场提供农场管理软件 CSAware（见图 6-13），极大地提升了农场管理的效率，使农场管理者可以专心致力于农业生产。CSAware 的功能主要包括在线订单管理、会员管理、配送管理和财务管理。Local Harvest 会根据不同农场的实际状况，对软件的部分功能做出调整。例如，根据农场的需要制定不同的优惠券和积分规则。CSAware 是收费软件，在收货季节以后每月固定收取 100 美元的使用费，另外还要收取 2% 的配送食物交易额作为佣金。较低的费率，提高了农场使用 CSAware 的意愿。更重要的是，通过其他渠道而不是 Local Harvest 网站销售出去的农产品，Local Harvest 同样也会获得收入。Local Harvest 改变了以往销售型网站在售卖端进行收费的方式，而是从源头截流。

图6-12｜Local Harvest的线下体验店

图6-13｜Local Harvest农场管理软件CSAware

6.3.3 Local Harvest成功经验分析及启示

Local Harvest 不仅是绿色农产品行业的"淘宝网",还是绿色农产品的综合电子商务平台,它向行业上下游进行了深度整合。在消费端,提供了多种买家参与农产品生产和销售的方式,增强了农产品生产的透明度和信任度;在供应端,为农场提供生产和销售的 IT 专业服务,提高了农业生产效率和销售管理水平。

Local Harvest 在美国市场取得了较大的成功,但可能无法适应中国目前的行业环境。首先,Local Harvest 模式的基础是足够多的农场。美国农场数量众多,中小型农场和 CSA 农场有 200 万家。与此相比,中国农场的数量非常少,据农业部统计,大概有 80 万家家庭农场。其次,绿色食品的消费理念还没有深入普通买家的心中。对于普通买家来说,绿色食品和有机食品的价格过高,让他们望而却步。而且,绿色食品的市场规模影响农场投入更多品种的农产品生产,买家的可选择性低。最后,Local Harvest 的信息透明度不够高,它做到了 "real food" 但没有让人看到 "real farmers"。网站提供的农场、农场负责人以及耕种等更详细的信息相对较少。

农业是最适合 O2O 模式的电子商务行业之一,O2O 将线下商务的机会与互联网结合在了一起,让互联网成为线下交易的前台,有助于全面促进农产品的销售渠道建设和流通。对于农业 O2O 来说,尤其要关注三个关键词:本地化、服务、坚持。只有好的产品、好的服务、好的买家相互作用才能形成 O2O 的良性循环。

思考:

1. Local Harvest 的特色体现在哪些方面?
2. Local Harvest 对中国农产品电商平台有哪些启示?

6.4 优衣库:利用O2O实现线上向线下导流

6.4.1 优衣库公司概况

优衣库是日本服装品牌,是日本迅销公司于 1963 年建立的。当年,优衣库是一家销售西服的小服装店,现已成为国际知名服装品牌。优衣库现任董事长兼总经理柳井正在日本首次引进了大卖场式的服装销售方式,通过独特的商品策划、开发和销售体系实现店铺运作的低成本化,由此引发了优衣库的热卖潮。

优衣库在中国品牌服装零售业率先推出网购业务,其网络旗舰店(见图 6-14)于 2008 年 4 月 16 日开设,开店后平均每天销售 2 000 件。2017 年 7 月,优衣库推出了一个名为"智能买手"的电子屏。"智能买手"已经覆盖了北京、上海、广东、天津、福建等多个省市的 100 家门店。这不是一块简单的广告屏，当买家走近"智能买手"5 米范围内，它便会与买家打招呼，滑动屏幕，买家能浏览到店内新品、穿搭建议和优惠信息，甚至还有简单的互动游戏。优衣库一直坚信实体渠道（门店）对于买家有着巨大的价值，利用 O2O 是为了实现线上向线下的导流，帮助线下门店提高销售量和经营绩效。

图6-14 | 优衣库网络旗舰店

6.4.2　优衣库的运营模式

优衣库采用以线上向线下导流的门店模式，把门店作为 O2O 的核心。优衣库强调 O2O 为线下门店服务的价值，O2O 主要用来为线下门店导流，提高线下门店销量，并做到推广效果可查、每笔交易可追踪。例如，线上发放优惠券线下使用，增加门店销量；线上发布新品预告和相关搭配，吸引用户到店试穿，刺激用户购买欲望；收集门店用户数据，做到精准营销；通过地理位置定位功能帮助用户快速找到门店位置，为线下门店导流等。

1．优衣库O2O将重心向实体门店倾斜

优衣库的店面在一二线城市居多，而优衣库 App 和天猫旗舰店的用户却来自全国各地，于是优衣库就有了一种"先装 App、再开店"的经营思路。优衣库通过 App 的推广，让越来越多的用户知道自己的品牌，提升了知名度，让更多用户产生一种愿望，期待优衣库到自己的城市开店。同时，优衣库根据用户的地理位置、日活跃度等相关数据，为开店选址与节奏把控方面的决策提供参考。2013 年 4 月，优衣库实现了"门店（见图 6-15）+官网＋天猫旗舰店（见图 6-16）＋手机 App"的多渠道布局。优衣库的 App 支持在线购物、二维码扫描、优惠券发放及线下店铺查询，其中，在线购物功能是通过跳转到手机端的天猫旗舰店来实现的，优惠券发放和线下店铺查询功能主要是为了向线下门店引流，增加用户到店消费的频次和客单价。

2．优衣库重视品牌曝光率和用户黏性

优衣库从线下实体店起步，在线上推出一系列增加用户黏性的服务。在微信号中设计了一系列的活动吸引用户参加，如"点赞有礼""十一促销""点我有礼"，为年轻人设计了衣乐电台（见图 6-17），为年轻父母设计了宝贝穿搭竞赛（见图 6-18）等活动。

图6-15 | 优衣库门店

图6-16 | 优衣库天猫旗舰店

图6-17 | 衣乐电台

图6-18 | 宝贝穿搭竞赛

　　微信号能作为随身搭配宝典，可随时随地直击潮流单品，查询实用穿衣搭配（见图6-19），看最潮、最接地气的搭配买家秀。在微信菜单中的自助服务功能可实时查询商品库存和在线上购买，或找到最近的优衣库门店（见图6-20），省时方便。

图6-19 | 穿衣搭配

图6-20 | 门店位置查询

　　此外，优衣库天猫官方旗舰店全品类开通门店自提服务（见图6-21），利用遍布全国的500多家门店有效缩短买家等待物流配送的时间。优衣库在线上推出的一系列服务目标非常清晰，就是让用户通过线上的工具和服务能再次回到实体店，实现闭环购买商品，从而打通线上线下的区隔，让用户体验无缝购买的畅快感。

图6-21 | 门店自提服务

6.4.3　优衣库的模式分析

1. 优衣库成功经验分析

　　优衣库实施O2O模式，提升了实体店的竞争力和网店的销售额，其成功最重要的经验有以下几个方面。

　　（1）优衣库实现了线上与线下同价，线上线下的双向融合，从而避免了线上渠道的冲击，这已经成为一种 O2O 标配。

（2）优衣库通过多种方式吸引用户前往实体店购物。例如优衣库 App 中提供了周边店面的位置指引，还提供了专门设计的优惠券二维码，只能在实体店内才能扫描使用，实现从 App 直接引流到门店。

（3）优衣库店内商品和优惠券的二维码是专门设计的，只能用优衣库的 App 才能扫描识别。通过店内广播以及收银员的提醒，告知用户如果使用 App 扫描指定产品的二维码，就可以享受更好的折扣优惠。为此，优衣库对实体店的员工进行了大规模的培训，就是为了借助大促的时机，不断提升 App 的安装量，从而将线下门店里的用户吸引到线上，提高了 App 下载量和使用率。这些优衣库 App 的使用者又会成为门店更忠实的用户，从而形成良性循环。

（4）对于商品打折，优衣库采取了"指定产品区隔、时间段区隔"的策略。"产品区隔"主要是指线上与线下打折的商品都是特别指定的，并在款型上有所区隔。"时间段区隔"指定折扣活动的时间段，并采用错峰排序的方式，让用户即使错过线上折扣，也可以耐心等候实体店随之到来的折扣期。

2. 优衣库O2O对服装行业的启示

服装零售移动 O2O 的模式还在探索期，国内服装品牌的行业集中度太低，品牌黏性尚未养成，此时可以借助第三方移动 O2O 入口，如微淘、微信等，结合自身零售体系特点和目标用户特征，摸索更个性化的移动 O2O 解决方案。虽然没有行业标准答案，但是对服装品牌来说，移动 O2O 的大方向是提高门店竞争力，充分利用移动端的互动优势，提高用户到店消费的频率和转化率。移动是工具，零售是本质，两者充分结合是未来服装品牌电商化的核心。

┃ 思考：

1. 优衣库如何实现线上向线下的导流？
2. 服装行业的核心竞争力是什么。

6.5 滴滴出行：网约车领导者的制胜之道

┃ 6.5.1 滴滴出行概况

滴滴出行（见图 6-22）是 2015 年 9 月 9 日由"滴滴打车"更名而来，涵盖出租车、专车、滴滴快车、顺风车、代驾及大巴等多项业务在内的一站式出行平台。"滴滴出行" App 改变了传统打车方式，建立了移动互联网时代引领下的用户现代化出行方式。滴滴出行的诞生改变了传统打车的市场格局，颠覆了路边拦车观念，利用移动互联网的特点，将线上与线下相融合，从打车初始阶段到线上支付车费，画出一个乘客与司机紧密相连的O2O闭环，最大限度优化乘客打车体验，改变传统出租司机等客方式，让司机师傅根据乘客目的地按意愿"接单"，节约司机与乘客沟通成本，降低空驶率，最大化节省出租司机和乘客的资源与时间。

图6-22｜滴滴出行官网

6.5.2 滴滴出行的运营模式

滴滴出行最开始的运营模式中的车辆供应主要是出租车，利用智能应用为用户提供方便有效的打车服务。随着滴滴出行的市场份额逐渐扩大，出租车市场已经满足不了公司的发展，于是滴滴出行又推出了专车服务，开辟了私家车市场。2015年5月，滴滴出行在北京、天津、广州、深圳、成都、重庆、武汉以及杭州等城市上线搭车服务"滴滴快车"。2017年4月，滴滴出行宣布滴滴快车将从4月10日开始在北京引入"分时计价"模式和新计费标准，鼓励人们错峰出行，减轻高峰时段用车压力，也能节省用户的打车支出。2018年12月，滴滴出行宣布升级调整组织架构，升级安全管理体系，成立网约车平台公司，成立普惠出行与服务事业群，升级出租车业务产品以及财务经管和法务体系。

滴滴出行初期实行司机抢单，然后改为系统派单，接着是自动接单自动分单，随着大数据的应用推广，通过滴滴云平台的运用，又推出"连环拼"服务。随着滴滴出行定位技术的不断完善和云计算平台数据的不断积累，可以分析出城市交通实时路况信息图、机动车出行精确密度分布图及城市交通热力图，这不仅可以解决客户出行问题，还有助于城市完善其交通管理。滴滴出行为了满足买家在不同场景下的出行需求，在推行打车业务之后，顺应市场需求，细分群体，推出不同的产品及服务，包括顺风车、快车、出租车、专车、巴士、代驾等多项产品。针对客户群体的差异，滴滴出行在结算方式上可以现金结算，也可以微信或支付宝结算。

6.5.3　滴滴出行的盈利模式

1. 滴滴出行的基本盈利

滴滴出行依靠佣金和商务合作为自己提供基本盈利。一方面，滴滴出行从滴滴出行软件司机使用端，按笔收取 20% 左右的信息传递费和软件服务费；另一方面，滴滴出行与各种软件合作，利用滴滴出行庞大的用户数和流量入口，以提高软件的点击率、下载量和使用量获取利润。

2. 滴滴出行的衍生盈利

滴滴出行通过手机 App 平台与美图、微信、饿了么、淘宝及支付宝软件合作，将一些商家的消息和活动推送到乘客手中，由于滴滴出行的客户人数多，无形中加大了广告宣传力度，滴滴出行可以从中获取一定的广告费。滴滴出行按照用户要求进行分级和细化，针对中高端客户推出滴滴专车业务，不仅为客户提供中高端车型，而且为商务活动提供更专业和更高端的出行服务，从而获得超额佣金。

3. 滴滴出行的潜在盈利

滴滴出行潜在盈利依靠资本运作和大数据运行来实现。其资本运作体现在前期获得高额融资后，通过补贴客户的方式把大量资金花费出去，培养客户的消费习惯，增加了忠诚客户。滴滴出行第三方支付平台的付款结算有一个滞留期，大量忠诚客户可以换来大笔的沉淀资金。滴滴可以利用这笔沉淀资金作为短期投资或理财来换取利润。滴滴出行大数据运行主要利用大量的客户和司机应用滴滴出行软件，在滴滴大数据云平台上积聚大量的城市交通出行实时路况，这些数据的收集及后台的处理分析可以绘制出城市出行密度和交通热力图。政府和交通管理部门利用这些数据，可以进一步完善交通管理，为城市未来发展和布局提供建设性意见。

6.5.4　滴滴出行的模式分析

1. 积极使用各种促销策略

早期的滴滴出行平台使用补贴策略吸引了广大用户，让用户体验到它的经济与实惠，久而久之形成了一种消费习惯，后来即使取消或者降低补贴政策，还是会有很多用户继续选择滴滴出行。滴滴出行平台还借助与微信、QQ、支付宝等平台的结合，在节假期等出行高峰期发布打折广告，或者在运用移动终端参与抽奖活动时发放打车优惠券，借助网络来推广滴滴出行服务信息。

2. 合理利用口碑营销策略

乘客使用滴滴出行之后，可以借助网络社交平台在朋友圈分享滴滴出行的红包，客户抢到的红包可以在下次打车时充当现金使用，而分享者也可以获得分享红包，这种口碑传播方式使滴滴出行快速抢占了市场，获得了大规模的用户，极大地宣传了品牌特点。滴滴出行在口碑推广时，重点宣传用户的体验，不仅满足用户打车出行方面的理性需求，更能让客户感受到人性化关怀的感性需求，从而产生对滴滴出行的认同感。

3. 充分利用大数据技术

随着滴滴出行平台用户规模的扩大，运用滴滴大数据可实现自建导航、自采地图、动态调价以及供需调节。利用大数据和地图设计算法，为司机推荐距离最近、路况最好、所花时间最少的路线，从而降低司机的空载率和拒接单率。通过记录乘客的家庭地址、工作地址以及日常行车轨迹等信息，滴滴出行与阿里和腾讯的数据合作，为乘客有针对性地推送打折等商业信息，给乘客带来便利的同时增加其出行体验。

▌思考:

1. 滴滴出行迅速发展的原因是什么？
2. 你认为滴滴出行未来的发展方向是什么？

 ## 6.6 拓展案例

黄太吉——最有创意的O2O

在很多人的固有思维模式里，摊煎饼是一个上不了"台面"的行当。然而有人却通过卖煎饼获得了年收益500万元的收入。目前，这家只有13个座位、营业面积只有十几平方米的煎饼铺的估值已接近4 000万元人民币，这就是黄太吉。

这家煎饼铺的老板叫赫畅，从22岁起，他先后在百度、去哪儿、谷歌等网站负责品牌与用户体验管理工作，在26岁时与英国传奇广告教父萨奇兄弟创办4A数字营销公司，在28岁时创建数字创意公司DIF。"黄太吉"是他的第三次创业。

1. 黄太吉煎饼的由来

为什么选择煎饼为自己创业的切入点，赫畅有自己的一套理论。

首先，从行业趋势上，赫畅认为中国的快餐有个特点：要么太接地气，要么太不接地气。另外，中国作为一个饮食大国，孩子的童年被很多国外品牌快餐所包围，这是不正常的，中国人应该有自己引以为豪的快餐品牌。

其次，从制作工艺上讲，中国的美食相对于汉堡、比萨等西式快餐，在标准化工艺上要复杂得多，这也在很大程度上限制了中国快餐的发展。

如何才能既保证快餐的效率，又能还原现吃现做的工艺，且便于携带？综合考虑权衡之后，赫畅发现煎饼是一个不错的切入点。

2. 接地气的O2O：抓住微博营销时代

微博、微信、大众点评LBS（地理位置服务），每一种方式都被黄太吉灵活运用。赫畅非常注重微博、微信营销的效果。在黄太吉的微博上，美食粉丝们在上面进行频繁互动。对于微博营销，赫畅主要关注以下几个方面。

图6-23 | 黄太吉带有附着力的话题

（1）话题附着力与分享精神。首先，无论是企业微博还是其他社交媒体形式，要想让大家参与话题讨论，内容一定不要只注重宣传产品，而要有话题性，这样讨论内容才有附着性。而黄太吉在话题的附着力上下足了功夫，时不时抛出一些带有附着力的话题（见图6-23），引发大家的讨论和围观，如煎饼店开进 CBD、煎饼相对论公开课等，这已成为很多粉丝们津津乐道的话题。

赫畅是百度的设计高手，因此在店面的摆设上到处都是"别具匠心"，细节之处见功夫。店里的陈设是直接面对买家的，买家看见有趣的事物，都会第一时间发微博分享。这些"别具匠心"的摆设，成为买家微博上的好素材，也让买家无意中成为"商家"的义务宣传员。有这么多"创意"和"分享"元素，黄太吉在微博上迅速"走红"就不足为奇了。

在一个只有 13 个座位的煎饼铺里还提供无线上网服务，赫畅希望能为买家建立一个"分享"的环境和氛围，让大家在快速用餐时把自己的"用餐经验"快速分享出去，传递给自己的朋友。

（2）强化与买家的互动性。无论是企业微博还是其他社交网络，仅提供好玩和话题性很强的内容是不够的，还要积极地与买家进行交流和互动，在与买家的互动中，捕捉有趣的内容。再者，只有在交流的过程中，才能够与买家建立感情，让买家真正成为品牌的铁杆粉丝。

在黄太吉的官方微博中，时不时会晒一些与买家真诚交流的短信，让买家感觉很贴心。另外，官方微博上还发起"最大订单"竞赛，既增强了买家的参与性，又促进了销售。这样的订单竞赛几乎对所有商家都很实用。

（3）社交营销跨平台。黄太吉不仅会用微博，还会使用大众点评、微信、QQ 等社交媒体，在这些平台上可以订餐和推送促销信息，非常实用。

黄太吉利用微博这种社会化信息网络，传递口碑，传播信息；用微信等社会化关系网络，进行订餐和客户服务，用最接近买家的方式进行 O2O 营销。

（4）整合传统媒体。社交媒体的对象大多是年轻人，而煎饼却是老少皆宜的，对所有客人都开放。电视目前还是强势媒体，具有广泛的影响力和受众基础。黄太吉在自身的推广过程中，主推社交媒体，同时也"热情拥抱"电视媒体。通过"北京电视台的 BTV 美食地图节目"，使这家店让更多的吃客熟知，将其影响力扩散到全社会。对于黄太吉的营销，赫畅认为看上去越不像营销的"营销"，产生的效果反而会更好。

3. 坚持小而美

从 2012 年中旬开业至今，黄太吉不仅得到了众多食客们的拥趸，更吸引了很多投资人的注意，主动找上门来的风投包括经纬创投、创业工场等国内众多知名风投，每天打电话来寻求加盟的人更是源源不断。但是黄太吉只做直营，不做加盟。这样可以在品质把控上更利于管理和监督，把黄太吉这个品牌做得长远、绵长。

"良心用好料，还原老味道"，这是黄太吉倡导的经营理念。"在用料上，坚持用有机生菜、纯绿豆面、无矾现炸油条"。相对于"用好料"，黄太吉最想强调的是"老味道"，煎饼、豆腐脑、油条，这"老三样儿"是黄太吉店里的主打商品，也是食客们点击率最高的产品，公司希望把这些老味道赋予新的生命，在被西化的中国快餐市场树立新的标杆。

▌ 思考：

1. 黄太吉煎饼成功的因素有哪些?
2. 黄太吉如何通过 O2O 模式把煎饼推向市场?
3. 黄太吉如何增加客户的忠诚度?

本章总结

O2O 是移动互联网发展之后的必然趋势，是互联网电子商务公司与其他非互联网公司的交集，给予了所有企业平等的商业机会，是网络交易落地化的必由之路。现如今，国内众多行业纷纷涉足 O2O 业务，但比较成功的案例并不多。本章选取了餐饮、农产品、服装等行业的典型案例，分析其成功的关键因素，希望能对国内更多的企业实施 O2O 模式有所借鉴和启示。

课后练习

1. 企业成功开展 O2O 的因素有哪些？
2. O2O 模式适合哪些行业？请阐述原因。
3. 深入剖析 O2O 模式如何改变现有商业生态？举例说明。

第7章
商业模式创新案例分析

本章学习目标

- ◆ 了解商业模式的含义和商业模式创新
- ◆ 理解商业模式创新能够成功的关键因素
- ◆ 学会分析电子商务企业的商业模式

7.1　基本知识点

7.1.1　商业模式的含义

1．商业模式的概念

商业模式是创业者的一种创意，来自商业机会的丰富和逻辑化，并有可能最终演变为商业营利模式。商业机会是指未明确的市场需求或者创业者未被利用的资源或能力。

尽管商业模式诞生于 20 世纪 50 年代，但直到 20 世纪 90 年代才开始被广泛使用和传播。有一个好的商业模式，意味着成功就有了一半的保证。商业模式简言之就是公司通过什么途径或方式来赚钱，如饮料公司通过卖饮料来赚钱；快递公司通过送快递来赚钱；网络公司通过点击率来赚钱；通信公司通过收话费赚钱；超市通过平台和仓储来赚钱等。只要赚钱的地方，就有商业模式存在。

综上，商业模式描述了公司所能为客户提供的价值，以及公司的内部结构、合作伙伴网络和关系资本等用以实现这一价值的，并产生可持续盈利收入的要素。

2．商业模式的要素

商业模式主要有 6 个要素，即定位、业务系统、关键资源能力、盈利模式、现金流结构、企业价值。这 6 个要素是互相作用、互相决定的：相同的企业定位可以通过不一样的业务系统实现；同样的业务系统也可以有不同的关键资源能力、不同的盈利模式和不一样的现金流结构。例如，业务系统相同的家电企业，有些企业可能擅长制造，有些可能擅长研发，有些则可能更擅长渠道建设；同样是门户网站，有些是收费的，而有些则不直接收费。商业模式的构成要素中只要有一个要素不同，就意味着商业模式的不同。一个能对企业各个利益相关者有贡献的商业模式，需要反复推敲、实验、调整和实践这 6 个要素才能产生。

3．商业模式的特征

成功的商业模式具有以下三个特征。

（1）成功的商业模式要能提供独特价值。这个独特价值可能是新的思想；而更多的时候，它往往是产品和服务的独特性组合，要么给客户提供额外的价值；要么使客户能用更低的价格获得同样的利益，或者用同样的价格获得更多的利益。

（2）商业模式是难以模仿的。企业通过确立自己的与众不同，如对客户的悉心照顾、无与伦比的实施能力等，来保证利润来源，往往其他人很难复制其模式。比如，直销模式（仅凭"直销"一点，还不能称其为一个商业模式），人人都知道其如何运作，也都知道戴尔公司是直销的标杆，但很难复制戴尔的模式，原因在于"直销"的背后，是一整套完整的、极难复制的资源和生产流程。

（3）成功的商业模式是脚踏实地的。企业要做到量入为出、收支平衡。这个不言而喻的道理，要想日复一日、年复一年做到，却并不容易。企业对于自己的钱从何处赚来，为什么客户看中自己企业的产品和服务，以及有多少客户能为企业带来利润等关键问题，都要详细了解、创新落实。

7.1.2　商业模式创新

1. 商业模式创新的概念

创新的商业模式，既可能在要素方面不同于已有商业模式，也可能在要素间关系或者动力机制方面不同于已有商业模式。商业模式创新需要满足下面三个条件：第一，提供全新的产品或服务、开创新的产业领域，或以前所未有的方式提供已有的产品或服务；第二，商业模式的要素明显不同于其他企业，而非少量的差异；第三，新的商业模式有良好的业绩表现，体现在成本、盈利能力、独特竞争优势等方面。

2. 商业模式创新的特点

商业模式创新有如下几个明显的特点。

第一，商业模式创新更注重从客户的角度出发，设计企业的行为，更注重涉及企业经济方面的因素。商业模式创新的出发点，是如何从根本上为客户创造价值。因此，商业模式创新的起点是客户的需求，并根据客户需求考虑如何有效满足它，这点明显不同于许多技术创新。技术创新常从技术特性与功能出发，看技术能用来干什么，再去找它潜在的市场用途。商业模式创新即使涉及技术，也是与技术所蕴含的经济价值及经济可行性有关，而不是纯粹的技术特性。

第二，商业模式创新表现得更为系统，它不是单一因素的变化，常常涉及商业模式多个要素大的变化，需要企业进行较大的战略调整，是一种集成创新。如仅开发出新产品或者新的生产工艺，就是通常认为的技术创新，但如今是以服务为主导的时代，2018 年中国服务业产值占 GDP 总量的 52.16%，发达国家的第三产业占比则已经超过了 70%，因此，商业模式创新也常体现为服务创新，表现为服务内容、方式，以及组织形态等多方面的创新变化。

第三，从绩效表现看，商业模式创新如果提供全新的产品或服务，那么它可能开创了一个全新的可盈利产业领域，即便提供已有的产品或服务，也能给企业带来更持久的盈利能力与更大的竞争优势。简单的创新形态，能带来企业效率的提高、成本率的降低，但容易被其他企业在较短时期里模仿。而商业模式创新，虽然也表现为企业效率提高、成本率降低，但由于它更为系统，涉及多个要素的同时变化，因此，更难以被竞争者模仿，常给企业带来战略性的竞争优势，而且优势常可以持续数年。

7.2　小米：手机的"移动互联网"模式

7.2.1　小米概况

北京小米科技有限责任公司（简称小米）是一家专注于高端智能手机自主研发的移动互联网公司。小米的产品主要包括MIUI（基于Android的手机操作系统）、米聊、手机、电视等。

小米成立于2010年4月，于2011年8月16日发布了第一款小米手机。小米成立以来，保持着令世界惊讶的增长速度。小米公司在2012年全年售出手机719万台，2013年售出手机1 870万台，2014年售出手机6 112万台，2015年售出手机超过7 000万台，2017年全年售出手机9 240万台。同时，2015年、2016年及2017年，小米的海外收入每年保持一倍以上的增长。

2017年，小米集团收入1 146亿元人民币，同比增长67.5%，与全球收入超过1 000亿元且盈利的上市公司相比，按收入增长速度计算，小米在互联网公司中排名第一。2018年7月27日，中国互联网协会、工业和信息化部信息中心联合发布了2018年中国互联网企业100强榜单，小米排名第十。

7.2.2　小米的运营模式

小米的运营模式有异于传统手机制造商。一般而言，手机生产商的商业模式都是靠销售手机赚钱，包括苹果、三星以及华为、联想等。而小米则把手机本身的价格做到更低。其商业模式是以小米手机作为载体，收集、扩大并绑定用户，通过互联网应用与服务盈利。小米的商业模式可以概括为"铁人三项"：硬件+软件+互联网服务（见图7-1）。小米不追求在其中某一项的第一，而追求三项综合得分的领先。

这一商业模式的核心理论可以用梅特卡夫定律来解释。梅特卡夫定律认为，网络的价值与联网用户数的平方成正比，即联网的用户越多，网络的价值越大，联网的需求也就越大。而小米的理念则是无需在每台手机上产生利润，重要的是先积累下足够大的用户群，然后再在这个群体上盈利。即以手机这一终端为依托，聚拢规模化的移动互联网发烧用户，从而构建移动互联网产业生态圈。

在网络经济迅速发展的今天，有很多类似

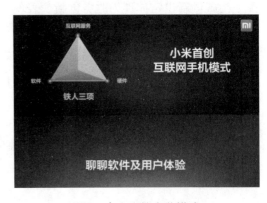

图7-1｜小米的商业模式

的商业模式，如腾讯以免费的即时交流工具 QQ 为载体收集大量的用户，在有了一定量用户沉淀后，便能够以各种互联网应用来盈利。可以说，发展并保持用户对产品的黏度，然后通过庞大的用户资源来寻求盈利点是互联网最主要的一种商业模式。小米手机只是一个载体，而小米是一个互联网公司而不只是一个手机制造企业。

7.2.3　小米的商业模式分析

商业模式是网络经济中讨论最多且最不容易理解的地方。商业模式意味着一个公司是如何通过定位自己，实现自身的价值，从而获得收益的。小米的商业模式以互联网时代的企业文化和产品来打造自己，针对一个相对传统的科技行业，以"轻公司"的姿态来挑战其他传统手机巨头，对传统厂商的传统模式产生了直接冲击。

1. 突破传统渠道重构

在实践中，小米不走寻常路，尽可能降低渠道成本，利用社会化媒体进行互联网营销。

在分销渠道环节，小米开始只走电子商务渠道，即在线直销，也就是销售完全依托小米网站，舍弃了以往传统手机销售的手机大卖场渠道，或者转型期的国美电器网上商城、苏宁商城等。小米把中间的层层代理环节砍掉，省下一大块渠道铺货和商场入驻等的费用，大大减少了中间环节的成本，以支撑着小米的"低价抢占市场份额"策略。与此同时，小米的销售范围其实并未减少，产品可以直达三四线城市，只要物流所能及之地皆有触达。

在线直销的方式，不仅迎合了发烧友们的网购潮流，更是一种先进的销售模式，可以省掉所有中间环节，直接回馈用户，让用户体验物美价廉的产品。在线直销不仅让小米手机有钱赚，还有更重要的财务功效——加速现金回流。如果按照传统零售渠道销售，销售回款的账期就可能把一个企业拖垮，但在线销售就把这种压力化解了。在小米预订页面也看到了相应的策略：如果用户选择在线支付，则不用承担快递费用，而如果选择货到付款，每台手机则需要支付 20 元的快递费用。这样的 B2C 交易方式给小米带来了及时、大量的现金流。

2. 拓展市场品牌建设

传统企业在运营管理中品牌建设投入大，营销成本高，难以开展精准营销，无法及时了解市场需求。所以不少互联网企业看到这方面的不足，从另一个角度去看待问题。

互联网时代的竞争法则是，"没有哪一个品牌，强大到不能被挑战；没有哪一个品牌，弱小到不能去竞争。"小米在营销推广方式上，依据公司策略，不在广告上花钱，通过MIUI 论坛、微博、论坛等进行营销，对"发烧友"级别用户实行单点突破，成功实现口碑营销，避免了电视广告、户外广告等传统营销中的"烧钱"模式。

相比传统粗放的广告模式，小米可以直接和自己的粉丝互动，营销精准得多。

3. 对买家价值的颠覆

手机行业的经营传统是"用低端机冲击市场份额，用中高档机赚利润"，而小米颠覆了这个传统，它的最大卖点是"高配置、低价格"，这就是小米手机的核心竞争力之一。

小米在产品生产设计环节，也做到了完全的互联网化，通过互联网的方式发动群众一起来做手机，更人性化地让买家价值得到提升。在设计上不再只依赖传统的设计师们关起门来臆想和向外部做问卷调查回访的方式。小米通过官方论坛和各种社会化媒体，直接和用户交流，引导用户和用户之间展开对小米的不足和可能改进之处的讨论。用户不仅是买家，更成了生产设计伙伴。而对于最资深的"米粉"们，小米还为他们成立了"荣誉工程师组"。新产品会先让这些用户进行体验，并给予反馈。

得益于互联网开放共享的系统平台，小米通过提高产品价值和降低买家成本，最大化地提高买家的让渡价值。小米最终把手机做成为一款真正的"用户自己定义的手机"。

4. 柔性生产按需定制

在 3C 家电及功能手机时代，很多厂商倒闭的主因是没能解决库存的问题。而小米由于对供应链的优化，缩短了产品到达用户的时间，使传统手机这一"重资产模式"转变为"轻资产模式"。

在库存环节，小米的模式类似于早些年的戴尔，先有订单，才开始生产。本质上颠倒了传统供应链节点的先后顺序，外界总是认为小米缺货，被指责过度"饥饿营销"。

这主要是因为小米手机用户通过网络下单，小米获得市场需求，然后通过供应链采购零部件，比如向夏普采购屏幕、向高通采购芯片、向索尼采购摄像头，再通过其他厂商采购其他非关键零部件。由于小米手机的市场供不应求，处于"饥渴"状态，供需尚不能完全对接。在供需相对平衡的情况下，小米能打通供需两端，就能实现真正的"按需定制"。

7.2.4　小米的创新之处

手机与移动互联网结合的模式使得小米一路高歌猛进。小米在商业模式上的创新之处主要体现在产品定位、盈利模式和营销模式上。

1. 产品定位创新

由于高端智能手机市场长期被国外厂商占据，一段时间以来高价昂贵曾成为国外智能手机的代名词，而国产手机的特点又是低价低配，使得市场上高性价比的手机很少。小米手机恰好抓住了买家追求高性价比手机的心态，开启了低价高配手机的先河。

小米发展 MIUI 操作系统和米聊等软件积聚人气，对潜在用户也很有吸引力，同时将现有用户和潜在用户紧紧地捆绑在一起，增加了用户黏性。此外，小米还通过小米应用软件和小米商城等不断寻找商业机会。

小米在设计和研发时考虑的是如何做更多互联网应用，而不仅是打电话等传统功能，其手机的核心体验点是 MIUI 手机操作系统。小米开发团队的所有成员都与几十万用户在论坛、微博上互动，并每周会根据用户的意见和建议做出改动。

2. 盈利模式创新

传统厂商靠硬件赚钱，但小米手机是一个互联网终端，靠增值业务赚钱。从这个着眼点出发，小米才有了成本定价、网络销售等一系列配套举措，才会更看重互联网活跃度而非销售额。

小米奉行的是硬件维持不亏钱，通过互联网应用与服务盈利的策略。小米采用"软件主导硬件"的商业模式，开发出一款基于安卓系统的手机操作系统 MIUI，并对该系统进行了二次开发。一方面，小米通过 MIUI 与手机的紧密结合，使小米手机在 MIUI 的支持下可进行多功能的拓展；另一方面，通过硬件推动软件，进一步强化小米手机面向"发烧友"的定位，借助操作系统带动更多的软件升值，将用户的热情"转移"到操作系统之中，以进一步推广其他互联网业务。

3. 营销模式创新

小米采用线上营销、借力营销以及饥饿营销等方式推广自己的产品和服务，相比于传统营销方式，让人耳目一新，特别吸引年轻消费群体的注意力。

（1）线上营销。小米采用电子商务 B2C 线上直销模式，取代销货速度慢、店铺代理成本昂贵的传统销售经营模式，树立了国产手机线上销售的典范，更大程度地节约成本，实现快速高效运营。

（2）借力营销。首先，小米通过"模仿"苹果发布会等模式来吸引用户眼球，达到了很好的宣传效果。同时，在"苹果"模式的基础上加以创新，创造出自有的商业模式。其次，小米善于听取群众意见，让群众参与其系统的设计与测试，摸准用户的使用习惯和生活方式，把一个冷冰冰的通信工具，打造成具有生命力的小米手机。

（3）饥饿营销。小米通过采取饥饿营销的策略频频制造强烈的社会反应，吸引社会连续关注，从而带动小米手机的销售，这是小米的又一新颖之处。小米通过借力新颖的营销策略，在国产手机企业中掀起饥饿营销的新浪潮。在小米手机新品发布会前，创始人雷军通过高调参与新浪微访谈和极客公园等活动，宣传小米手机的众多亮点，并通过多类手机话题与微博用户互动，极大地吸引了广大"发烧友"的眼球。小米在其产品发布之后，又组织了参与微博互动送手机等活动，持续制造话题，引导用户持续关注小米，将饥饿营销模式用到极致。

7.2.5 小米的未来发展方向

小米在发布"MIJIA 米家"品牌时，雷军宣布小米投资的 55 家创业公司当中，29 家属于零基础孵化项目，小米的支持渗透到创业公司的产品价值观、品牌营销以及渠道、供应链管理等各个层面。小米不再强调手机，反而开始强调生态，致力于构建基于 MIUI 系统之上的商业生态系统。

　　小米的重心之所以从手机向生态转移，主要是因为手机市场的战斗大局已定，加上整体市场增长放缓。而市场风格也在发生改变，善于捕捉"风口"的雷军意识到智能手机"风口"退去，智能家居的风口正在来袭。更为重要的是，在智能家居这个市场上，要颠覆和改变的企业均无优势品牌，更无还击之力。做充电宝、路由器、平衡车、净水器、空气净化器……小米已经感受到"秒杀"这些小对手的"刺激"。

　　小米将构建一个以小米手机、路由器、电视为核心的生态圈。这个生态圈主要分为三层：第一层是智能硬件生态链，第二层是内容产业生态链，第三层是云服务。小米通过自建、投资、参股等方式不断完善这三层。而这三层通过 MIUI 相互连接，实现信息流动、资金流动。而在对待生态圈企业方面，小米采取的策略是"帮扶"，包括品牌营销、渠道、供应链管理等。雷军和小米公司为空气净化器、平衡车等多款产品站台、开发布会，同时也在小米官网上销售大量投资企业的商品。这也让小米公司变成了电商平台（见图 7-2），而且大量商品都是"定制化"，这一点很像沃尔玛、美国超市 Costco，通过定制化保证品质和成本。

图7-2 | 小米商城

▌思考：

　　1. 小米商业模式的创新体现在哪些方面？

　　2. 小米布局生态圈的原因是什么？

7.3 美团网：国内最早的团购模式

7.3.1 美团网概况

美团网是 2010 年 3 月 4 日正式上线的团购网站，是国内最早采用团购模式开展业务的网站之一。美团网上线以来，发展迅速，覆盖的城市越来越多（美团网苏州站如图 7-3 所示）。2011 年 11 月，美团网单月营业额已超 2.5 亿元，跃居团购业第一的位置。2014 年，美团网全年交易额突破 460 亿元，较去年增长 180% 以上，市场份额占比超过 60%，比 2013 年的 53% 增长了 7 个百分点，至此美团网的团购业务稳居领导者地位。

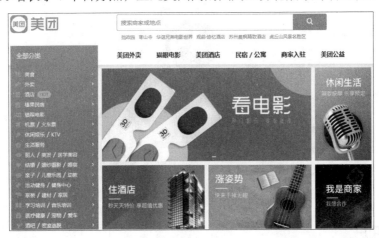

图7-3｜美团网苏州站

2015 年 10 月 8 日，美团网与大众点评宣布合并。大众点评网与美团网联合发布声明，宣布达成战略合作并成立新公司。新公司将致力成为中国 O2O 领域的领先平台。合并后双方人员架构保持不变，保留各自的品牌和业务独立运营。美团 CEO 王兴和大众点评 CEO 张涛将同时担任联席 CEO 和联席董事长，重大决策将在联席 CEO 和董事会层面完成，新公司估值超 150 亿美元。此次交易得到阿里巴巴、腾讯、红杉等双方股东的大力支持，华兴资本担任本次交易双方的独家财务顾问。

2016 年 7 月 18 日，生活服务电商平台美团 - 大众点评（简称"新美大"）宣布，获得华润旗下华润创业联和基金战略投资，双方将建立全面战略合作。2016 年 9 月 26 日，美团宣布收购钱袋宝，正式获得第三方支付牌照。2017 年 1 月 18 日，美团点评双平台同时推出海外酒店。2017 年 2 月 14 日，美团在南京推出"美团打车"服务。2017 年 4 月 12 日，美团点评推出"榛果民宿"，主打整租业务。2017 年 4 月 20 日，美团点评发布旅行品牌"美团旅行"。2018 年 4 月，美团旅行与银联国际达成深度合作，将在技术、大数据与购物体验方面加深探索，让旅行购物更加优惠、便捷。双方共同打造的银联国际品牌馆于2018年4月3日正式登陆美团旅行。2018年4月，美团以35%美团股权、65%的现金收购摩拜单车，不断扩大O2O市场版图。

7.3.2 美团网的运营模式

美团网一直遵循"买家第一、商家第二，美团第三"的理念，一贯坚持与商家平等、互利、共赢的合作标准。作为一家"团购模式"的本地化服务类电商企业，美团网竭诚服务于各城市的商家和买家，并获取交易佣金。美团网帮助买家获得高性价比的商品和服务：一方面为买家提供非常好的本地化商品和服务；另一方面为买家带来消费折扣。同时，美团网帮助商家更好地宣传和获得新买家（见图7-4）。

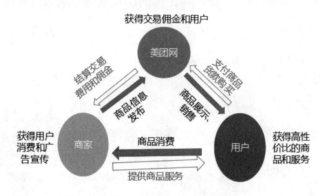

图7-4 | 美团网的运营模式

1. 目标用户

美团网的目标用户群体为18～40岁的，接受过一定文化教育的有一定消费能力的阶层，这部分人群也是国内网民的主体。美国网的目标用户定位是比较清晰的。

美团网并不一味地在网上对已有用户进行强力的网络营销，而是针对不同的用户构建不同的营销模式。美团网将用户细分成两类，具体分为线上用户和线下用户。线上用户又分为线上已消费用户和线上尚未进行消费的用户两类，线上已消费客户是美团网的现有用户群体。线下用户和线上尚未消费的用户构成美团网的潜在用户群体。对于潜在用户群体，美团网充分利用现有用户群体进行"用户关系营销"，推出"返利活动"进行市场推广，例如老会员每成功介绍一位新会员将自动获得一定金额的奖励。现有用户群体通过这些活动可以把美团网介绍给更多的人，这为美团网带来了大量的潜在用户。

2. 产品与服务

美团网的产品已经涵盖餐饮、食品、娱乐、服装、数码产品、生活服务等多个种类，为吸引用户提供了基础。同时，美团网始终坚持提供良好的服务体验，始终遵循"买家第一、商家第二、美团第三"的理念，向用户承诺团购无忧，提出了"7天内未消费，无条件退款""消费不满意，美团就免单""过期未消费，一键退款"等措施。自成立以来，美团网形成了一整套的保障体系，为用户提供好的商品和好服务。

3．盈利模式

（1）成交提成

团购服务是团购网站最基本的一项服务，但与国外的团购网站又有不同之处，国外的团购网站一般是自己向商家进货，然后把商品卖出去，赚取其中的差价。而美团网不同，它基本上只充当组织者的作用，然后收取交易的佣金。佣金模式是国内大多数团购网站的主要盈利模式。佣金模式主要是通过出售商品进行抽成，或者通过协议帮商家做折扣促销，按照协议金额提成。

（2）广告收入

广告收入是美团网收入的重要组成部分。基于美团网高流量、多会员的特征，美团网的广告功能得到了极大的凸显。对于商家来说，美团网是一个非常好的广告平台。美团网在组织大型活动时，会要求参与活动的商家交广告费。

（3）转介费模式

转介费模式是美团网发展起来的一种新的收入模式。美团网直接将页面链接到产品所属公司，让产品所属公司获得更多被知晓的机会，甚至开发出更多潜在用户。通过这种方式，美团网可以直接向该公司收取一定的转介费用。

（4）服务费模式

美团网会根据不同城市不同区域，通过差异化的服务来收取用户的费用，给予不同程度的优惠。美团网提供配送等服务，可以吸引更多的买家，从而进一步加快服务费用的增加。

4．核心竞争能力

（1）高效的线下团队

美团网线下团队的执行力是美团网的核心竞争力之一。美团网线下团队的平均年龄只有26岁，但团队执行力却非常强。美团网是一个"轻资产"公司，最重要的资产就是人。能不能留住优秀的员工，把他们培养得更好，是美团网保持核心竞争力的关键。

（2）强大的技术力量

美团网的技术团队成员很多是从王兴之前创立的"校内网""海内网""饭否微博"等网站留下来的技术骨干，以及从百度、新浪等大型互联网公司跳槽来的优秀人才，具有很高的技术水平、执行力及企业忠诚度。

美团网的企业文化是很崇尚技术的，这保证了整个公司的高效运转。美团网对技术研发的重视，使公司能够有更好的客户体验和更为高效准确的数据分析结果。美团网的整个系统都是自主开发的，从而可以方便地对第一手数据进行提取分析。而其自行开发的财务结算系统，更被美团网视为骄傲。这套系统大大提升了商户结算效率，带给商户一种安心的合作感受。同时，美团网基于普通用户体验研发的品控系统、短信系统、客服热线系统、用户评价系统都大大提高了工作效率，改进了用户体验。美团网还利用其技术优势，先后推出了基于 Android、iOS 等各种智能手机系统的客户端，以抢占移动端市场。

（3）健康的资金流

与很多团购网站获得融资后请明星做代言，大打广告战，通过烧钱的方式进行推广不同，美团网很少做线下广告。美团网的所有推广都是在线上进行的，如搜索引擎优化，线上广告，社会化媒体推广等。正是这种独特的推广策略为美团网节省了大量的资金。尽管广告投入少，美团网还是凭借其良好的客户服务和高品质的产品，赢得了广大买家的认可，得到了持续稳步的发展和稳定的资金流。也是因为有了健康的资金流，美团网赢得了红杉资本等著名风投的青睐，得到大笔融资。2015 年 1 月，美团网完成 D 轮总额 7 亿美元的融资，估值达到 70 亿美元。2016 年 1 月，合并后的美团点评完成首次融资，融资额超 33 亿美元，融资后新公司估值超过 180 亿美元。2018 年 9 月 20 日，美团点评登陆港交所，开盘价报 72.9 港元 / 股，市值达到 4 003.12 亿港元（约为 510 亿美元）。

7.3.3　美团网的模式分析

美团网的"团购模式"本身就是电商企业在商业模式上的一次创新。区别于京东、当当网等服务于第一产业和第二产业的电子商务，美团网是第三产业的电子商务，是针对服务业"团购"的电子商务。另外，美团网在产品定位和营销推广等方面也做了较大的创新，很多做法都优于其他团购网站。

1. 打造精品团购网站

团购网站本身就是一种营销宣传的门面，买家对团购网站的良好印象，直接决定了其口碑传播的正面性，所以团购网站的产品定位和服务保障对网站营销推广起着本质的作用，而美团网在这两方面都做得非常到位。

（1）团购产品满足团购特质。美团网的宗旨是让买家享受到"最低折扣"的优质服务，并且团购的产品不应该太贵，产品本身不存在较大的问题。美团网选择的团购产品主要是服务消费类，比如餐饮、美容、写真、按摩、美发、电影、音乐会、瑜伽等，这些产品消费群体比较广泛，而且消费频率较大，和传统 B2C 电商平台的商品相比，省去了包装、物流环节，用户的体验会更好。

（2）服务保障贴近用户需求。美团网的多项服务使其赢得了国内第一团购网站的美誉，比如买家团购消费后可以在线评价，美团券过期前多次免费短信提醒，还有注重消费体验的客服电话服务等。此外，美团网还推出了"团购无忧"的售后服务计划，内容包括：购买 7 天后未来消费无条件退款；消费不满意美团免单；过期未消费一键退款等。

2. 应用社会化媒体

美团网一直相信口碑传播是最有效果、传播程度最高、最有持久性的做法。因此，美团网特别重视应用社会化媒体进行市场推广。以新浪微博为例，2018 年新浪微博的美团网主账号已有超过 300 万粉丝，并且用户活跃度超过 50%，其旗下还有 100 多个城市账号，用户活跃度也非常高。美团网主账号和城市账号矩阵式的运营，将美团网的产品和口碑迅速传达给目标受众。

美团网将社会化媒体平台用得淋漓尽致，除了宣传网站团购新品外，美团网还利用这些平台进行事件营销，极大调动起了网友的积极性，为美团网赢得了美誉和知名度。

▌思考：

1. 美团网的商业模式对电商企业有何启示？
2. 2017 年以后，美团网投资众多新业务的原因是什么？

7.4 唯品会：电子商务企业的特卖模式

▌7.4.1 唯品会概况

唯品会信息科技有限公司（简称唯品会）成立于 2008 年 8 月，总部设在广州，旗下网站（见图 7-5）于 2008 年 12 月 8 日上线。唯品会主营业务为在线销售品牌折扣商品，涵盖名品服饰鞋包、美妆、母婴、居家等各大品类。2012 年 3 月 23 日，唯品会在美国纽约证券交易所（NYSE）上市。2017 年，唯品会总营收达到 729 亿元，比 2016 年增长 28.8%，已经成为中国第三大 B2C 电子商务企业。

图7-5｜唯品会网站首页

唯品会在中国开创了"名牌折扣＋限时抢购＋正品保障"的电子商务模式，并持续深化为"精选品牌＋深度折扣＋限时抢购"的正品特卖模式，这一模式被形象地誉为"线上奥特莱斯"。唯品会每天早上 10 点和晚上 8 点准时上线 200 多个正品品牌特卖，以最低至 1 折的折扣实行 3 天限时抢购，为买家带来高性价比的"网上逛街"的购物体验。2017 年 6 月，唯品会宣布品牌定位升级，从"一家专门做特卖的网站"，升级为"全球精选，正品特卖"。

在《财富》杂志发布的 2018 中国 500 强榜单中，唯品会位列第 108 名，较 2017 年上升了 7 位，位列 B2C 电子商务企业第三位。

▍7.4.2 唯品会的商业模式

2008 年，唯品会率先在国内开创了"线上名品特卖"这一独特商业模式。唯品会的发展茁壮，是特卖模式在中国成功实现的标志之一。同时，随着社会消费趋势和消费观念的不断变迁，特卖也在逐渐演变成为更符合时代需求的"升级版"特卖。

在移动互联网时代，影响买家消费决策、购买和使用的四大因素有：价格（Price）、品质（Quality）、社交关系（Relationship）和服务（Service）。唯品会从影响买家的四大因素出发，不断优化商业模式（见图 7-6），提升品牌竞争优势。

图7-6｜唯品会的商业模式

1."低价折扣"的特卖模式

唯品会一直都是以"低价折扣"的优势，缩短买家的"决策时间"。唯品会通过加大与国内外一线大牌深度合作、买断等方式，获取独家低价正品货源，带来"一价到底"的绝对低价与高质价比。唯品会通过不断创新的"低价"，持续吸引着买家的关注。2018 年 7 月，"唯品快抢"全新改版上线，每天定时上新大牌好物，以全网最低价限量抢购。2018 年 8 月，"最后疯抢"栏目优化改版上线，定位于品牌深度折扣，主打品牌组货，限时限量特卖，到手价在 3 折以内。

2. 对货源的严格把控

很多人提到折扣商品，就等同于处理品，谁都能拿到。其实，越是品牌厂商，对折扣品的处理越是谨慎。既要避免与自己的线下渠道发生冲突，还不能给品牌带来伤害。

唯品会的库存量单位要比淘宝网甚至京东少很多，原因在于特卖是精挑细选的爆品策略，这就需要专业的买手团队与品牌商建立长久的合作模式。经过十多年磨合，唯品会已经建立了国内电子商务平台中规模最大、最专业的买手团队，这是唯品会的核心资产。唯品会在全球范围内拥有 1 700 多人的专业化买手团队，其中海外团队 95% 以上为资深外籍买手，以对货源进行严格的把控。

3. 上线唯品仓和云品仓

随着移动互联网时代的发展，特别是微信生态体系的建设、小程序的上线，通过线上社交关系推动购买，已成为非常重要的营销手段，甚至创新出新的社交电子商务平台。

唯品会创新的"唯品仓"和"云品仓"希望通过明确的目标人群定位，构建独立于中心化电子商务平台的新的社交电子商务平台。唯品仓主要是赋能代购和批发群体，云品仓则是赋能普通的买家。

唯品仓通过整合供应链优势，为个人和小微商家提供商品和服务，进而共同拓展和服务 C 端买家，共同实现获利。唯品仓主要通过提供精选式采购（高质量品牌尾货）和平台化支持（仓储配送和社交交易工具、金融服务等）为个人和小微商家赋能。个人和小微商家则借助唯品会的信任背书和自身的微信好友的社交关系，利用社交交易工具向 C 端买家传播商品和服务信息，以商家与买家的社交关系来进行个性化的销售并获利。

云品仓结合微信小程序和社群、朋友圈，将买家转换为卖家，社交关系来促进销售。唯品会在服饰和化妆品两个品类较为强势，这两个品类都具有复购率高的特点，也是微商蛮荒时代发力最猛的两个品类，这两个品类也是云品仓的主要侧重品类。如何平衡普通购买和推荐获利的关系，如何持续管理和激励兼职的并不专业的新老"微商"们，是云品仓不得不面对的挑战。

4. 自建仓储物流

2008 年之后，B2C 电子商务平台为了提升用户体验，与 C2C 电子商务平台竞争，纷纷投入巨资自建仓储物流。十多年过去了，能够坚持下来并取得规模效应的，以唯品会和京东两家电商平台为主。截至 2018 年 10 月，唯品会已完成 19 个大国际货品仓（含海外仓和保税仓）的布局，地区覆盖法国、澳大利亚、韩国、美国等以时尚和品质著称的国家和地区，已投入使用的海外仓面积达 5.9 万平方米。

唯品会的品骏快递仓储物流自动化已涵盖商品库存管理、商品分拣、包裹分拣等各作业环节，在全国六大物流仓储中心建设了包括输送系统、集货系统、分拣系统、蜂巢全自动集货缓存系统、智能 AGV 搬运机器人系统、魔方密集存储系统、机器人全自动集货缓存系统等自动化项目。唯品会对"硬件"和物流科技的持续投入，成为唯品会在用户体验端的有力保障和核心竞争力。

7.4.3 唯品会的盈利模式

对于 B2C 电子商务企业来说，一般主要包括以下几种收入来源：销售商品或服务获取差价、收取会员费、获取销售佣金、投入广告获取收入、服务性收入等。唯品会和大多数电商企业相比并没有太多本质上的差别，企业获取收入的来源除了销售商品的差价，还有广告、竞价排名等。结合唯品会的经营和年报数据，唯品会将其收入分为产品收入和其他收入，其他收入包括广告收入、佣金收入、竞价排名获取的收益等。截至 2018 年，唯品会的产品收入仍然是其主要收入，而销售商品的差价是唯品会的主要利润来源。

唯品会在盈利方面有以下优势：首先，唯品会先销售再支付采购款的采购模式，使得唯品会的资金周转较灵活。同时，唯品会引入的大多数品牌产品的尾货，可以帮助厂商解决存货积压的烦恼，唯品会还借助其"闪购"模式的优势，拥有其他电商企业无法比及的资金回笼速度，更赢得了广大品牌商的青睐。其次，唯品会在全国范围内建立了覆盖华东、华南、华北和西北等地的仓储中心，形成网状的物流结构，形成了"干线 + 落地配"的独特仓储物流模式，从而极大地减少了唯品会的物流成本。

7.4.4 唯品会的创新之处

1. 提升用户体验的"导购"模式

唯品会创建之初品类主要以服装为主，随着十多年的发展其涉足品类已经扩展到化妆品、时尚配饰、母婴等，并且全部为精选的品牌正品。在天猫购物的买家往往会由于同类产品过多，质量参差不齐，价格差距过大而感到无从选择。但唯品会上的导购模式作为商品选购的导航，在快速定位买家需求的同时还可以激发买家的购买欲望。

2. 时尚便捷的购物体验

唯品会处处带给消费者时尚与便捷的购物体验。唯品会购物网站设计唯美；以时尚杂志编辑为主的女装买手精英挑选团队，支持着唯品会"精品 + 导购"的销售模式，确保挑选的品牌及商品符合消费者的时尚要求；快速持续的商品更新速度，带给消费者不断的新鲜感；时尚精心的物流包装，不仅减少了商品在运输过程中损坏的可能，更起到了良好的宣传作用；多种支付方式的支持让消费者拥有更为便捷顺畅的购物体验。

3. 暖心的营销活动

唯品会各种暖心的营销活动，增加了消费者的忠诚度。积分换取商品、商品预售、经常性的小礼品赠送等，这些营销手段迎合了消费者的消费心理，投入不高的成本便可带给消费者温暖，提高消费者的重复购买率。

思考：

1. 唯品会的商业模式有什么特色？

2. 唯品会面临的挑战有哪些?

 7.5 拓展案例

小红书内容电商的成功之处

小红书(见图 7-7)创立于 2013 年 6 月 6 日。和其他电商平台不同,小红书是从社区起家的。一开始,其用户在社区里分享海外购物经验,到后来,除了美妆、个人护肤品的内容外,小红书上还出现了关于运动、旅游、家居、旅行、酒店、餐馆的信息分享,触及了消费者生活方式的方方面面。2014 年 10 月,小红书福利社上线,旨在解决海外购物的另一个难题:买不到。小红书利用累积的海外购物数据,分析出最受人们欢迎的商品及全球购物趋势,并在此基础上把全世界的好货以最短的路径、最简洁的方式提供给用户。2016 年年初,小红书将人工运营内容改成了机器分发的形式。通过大数据和人工智能,将社区中的内容精准匹配给对它感兴趣的用户,提升用户体验。2018 年 8 月,小红书荣登福布斯《2018 中国最具创新力企业榜 TOP50》榜单。2018 年 12 月,小红书创始人瞿芳获评新浪财经"2018 中国十大经济潮流人物"。

图7-7 | 小红书官网首页

1. 小红书的产品定位

最初,小红书只是一个购物攻略性质的海淘平台,解决人们在出境旅游时不知道买什么的问题。随着用户量的增加,运营团队逐渐发现了站内用户的"种草"(网络用语,泛指"把一样事物推荐给另一个人,让另一个人喜欢这样事物"的过程)能力,被用户标记多的产品几乎可以瞬间卖光,于是小红书开始发展电商业务。

2014 年,小红书推出自营商城"福利社",从内容社区升级为电商平台。运营团队从海量数据中发现社区内用户的喜好和购物需求点,并以此为依据选择产品品类,采购境外商品,以自营电商的方式卖给用户。

2016 年下半年,小红书拓展了第三方平台和品牌商家,并一直沿用"自营电商 + 第三方平台"的业务模式。正是由于小红书自"内容社区"向"电商平台"的发展路径，使得它刚刚进入电商领域便已经拥有大量优质用户资源。这些用户不仅黏性高，且具备一定的购买力。随着电商元素的不断增加，外界对小红书的定义也越来越偏向一个电商社区。

小红书在产品定位方面采用的策略是内容优先于电商。小红书是围绕着内容社区和电商这两个模块展开的，在实际运作中，内容板块是优先于电商的。"标记你的生活"的口号也清晰地传达出了信息：小红书首先是一个内容社区，而非电商平台，后者是前者的衍生。打开小红书 App 之后的第一个页面，就是持续更新并呈现给用户的内容信息流。如果是不熟悉的人，甚至无法一下发现这是一款电商 App。

2．新用户留存

（1）私人定制内容的推送。新用户进入 App 后，会被要求选择 4 个感兴趣的内容方向，如彩妆、时尚、读书等，以便为每一位用户提供私人定制的内容，保证用户兴趣和内容的精准匹配。之后，App 还会推荐给用户一批值得推荐的用户，这些被推荐的用户几乎都是"金冠薯"或者"银冠薯"，即社区内用户等级最高的用户，以保障新用户可以在关注页面看到自己感兴趣且高质量的内容。

（2）"收藏"功能的引导。新用户进入到"笔记"详情页面之后，在收藏按钮处，会提示"感兴趣就存起来，下次不会找不到哦"。这个看似无用的小细节实际设计得很巧妙。新用户进入小红书 App 之后，难免会陷入巨量的信息中。当他点开详情页面时，就证明他对此内容感兴趣，这时候如果不第一时间提醒他这个笔记可以收藏，用户很可能就因为信息量大又无法留住信息而迅速退出，并且不再进入，而这对 App 来说，等于永远失去了这个用户。相反，这个时候用户如果能够收藏，反而可以激发用户的好奇心，进一步探索站内还有什么有用的笔记。

（3）知名艺人用户高频出现，刺激用户感官。新人登录之后，在第一屏一定会出现两到三位知名艺人。通过知名艺人来冲击用户感官，能给用户带来感受上的差异性。

（4）提供新人福利。登录小红书之后，点进商品的详情页，会发现有新人礼包的入口。小红书首先是内容社区，所以当用户第一次登录时并不会直接跳出赠送购物券的提示，反而是让带有名人的内容吸引用户。当用户对某件商品感兴趣，并点击进入详情页时，才提供新人礼包。这种设置一方面解决了内容和电商平台在资源争夺上的矛盾，避免电商平台对内容模块的干扰，同时也让"钱用在刀刃上"，推动新用户下单购买。

3．老用户留存

针对非首次登录的用户，小红书的用户留存策略主要是在社交留存、内容留存和功能留存这三个维度下进行的。

（1）社交留存

① 关键意见领袖（Key Opinion Leader，KOL）化。很多社区都会引入知名艺人，通过知名艺人的个人魅力来吸引用户，提高用户的使用时长。但小红书上的知名艺人整体上

有一种 KOL 化的趋势。主要体现在，知名艺人在社区内是以一种相对平等的姿态，和用户展开对话和互动的。视频绝对不是单纯地在讲述商品，而是和用户平等对话，讲解如何使用，最大化地拉近距离。知名艺人的 KOL 化，让小红书在内容上有了一定的差异性和稀缺性。不仅如此，由于小红书使用了和抖音相近的内容形式，不可避免地使两款产品成为竞品，这种情况下，小红书还在内容上与抖音进行了差异化区分。抖音以泛娱乐的内容为主，小红书则主要突出内容的有用性，偏向于干货类内容，从内容类别上看，小红书以美妆、时尚穿搭、美食为主。

② 严控负面评论，为每一位用户提供友好环境。小红书在社区规则中，明确写出"不能在用户名、个人资料、评论、笔记（普通笔记、长笔记、视频笔记）、专辑中出现不友善的行为。这条规则塑造了小红书的调性，没有人在评论下边反驳、调侃或者嘲讽。这种规则的设置，是为了防止负面评论会影响用户们写笔记的积极性。

（2）内容留存

① 引导关注 KOL，减少分歧。对小红书来说，核心用户的留存和刚进入社区不久的初级用户之间的留存是相互促进的。任何一方的流失，都会给另一方的留存带来影响。一个社区内如果大家都关注少数几个核心用户，社区内的"异见"会少，核心用户流失的概率也会更小。小红书很好地利用了这个效应。在关注页面上推荐的几乎都是"金冠薯""银冠薯"，这是社区内等级最高的用户。通过引导用户关注最头部的用户保证整个社区的稳定，更好地留住核心用户，反过来也通过 KOL 的影响力和高品质内容留住使用时长较短的初级用户。

② 内容采取对话体，增加用户间亲密度。在"笔记"的文字呈现上，小红书的笔记有一种对话感。发布笔记的博主们很少会有一种自说自话的感觉，而是带着"展示给其他小红薯"的感觉在写笔记。对"小红薯"们来说，记笔记就是为了给其他的"小红薯"们看，社区里内容的对话感甚至强于朋友圈、微博或者是豆瓣等社交平台。

③ 奖励用户的"被点赞"动作。小红书内部存在着一个用户进阶体系。在用户进阶体系中，用户要完成一定的任务才能够不断晋升，提高自己在社区内的地位。而这些任务就包括了被点赞、被收藏等社交行为。为了达成目标，写笔记的用户一定会想尽办法增进社交活动。在每一个阶段，对社交行为的要求也不一样。以"文化薯"为例，达成"文化薯"成就，就需要累计 100 篇有 59 个赞的文章。

（3）功能留存

① 建立福利社，自营明星产品。小红书通过数据分析，得到社区内用户最感兴趣的产品品类，并将其纳入到"福利社"中。通过自建商城与物流体系，高效满足用户对这部分商品的购物需求。而且小红书的产品用红色的箱子邮寄，在快递品中非常显眼，很有质感，能给人留下很深刻的印象。

② 将笔记导入商品详情页，满足用户想了解产品的需求。用户在购买产品的过程中，

最核心的需求是这件商品质量如何，包括好不好用、好不好看等。将小红书的用户笔记导入到商品详情页中，可以有效满足这个核心需求。也就是说，用户在淘宝网等其他电商平台上，看到的商品评价可能是一句话或是一段话，但在小红书上看到的用户评价是"小红薯"们的笔记，通常会包括更多的关于商品的信息，如质量、使用流程、注意事项、使用效果等。

③ 定期开展大型促销活动。各个电商平台都会定期举行一些大型的促销活动，满足对价格比较敏感的用户的购物需求。小红书也不例外，每年的"6·18""双11"和"双12"，小红书都会有全场大促的活动。尽管小红书在电商方面的地位不如内容社区，但是电商产品提升用户留存的方式，小红书并没有错过。这相当于小红书同时利用内容和电商两套方式来保证用户留存。

思考：

1. 小红书在留存新客户方面有何特色？
2. 小红书的内容电商对其他电商企业有何启示？

本章总结

商业模式对于每一个企业都是十分重要的，一个企业运营没有收益，再好的创意也不会走下去。唯有正确的商业模式，才是企业可持续发展的保障。对于电商企业更是如此，一个好的商业模式可以使电商企业快速成长起来，而落后的商业模式会让电商企业走向衰亡。本章案例介绍了小米、美团网、唯品会三个比较成功的电商企业，他们独特的商业模式是促使企业快速发展壮大的关键。电商企业应该积极创新自己的商业模式，找"独特"的电商之路。

课后练习

1. 列举几个你熟悉的电商企业，说一下他们的商业模式。
2. 你认为成功的商业模式有什么特征？
3. 中小电商企业应该如何进行商业模式的创新？

第8章

移动电子商务案例分析

本章学习目标

◆ 了解移动电子商务发展的特点

◆ 理解移动电子商务能够成功的关键因素

◆ 掌握企业开展移动电子商务的方法

8.1　基本知识点

8.1.1　移动电子商务的内涵

移动电子商务就是利用手机及平板电脑等无线终端进行的电子商务。移动电子商务将因特网、移动通信技术、短距离通信技术及其他信息处理技术完美地结合，使人们可以在任何时间、任何地点进行各种商贸活动。移动电子商务实现了随时随地地购物与交易、在线电子支付以及各种商务活动、金融活动和相关的综合服务活动的移动化。

移动电子商务作为一种新型的电子商务方式，利用了移动无线网络的优点，是对传统电子商务的有益补充。尽管移动电子商务的开展还存在安全、带宽等一些问题，但是与传统的电子商务方式相比，移动电子商务具有诸多优势，得到了世界各国的普遍重视和发展推动。

8.1.2　移动电子商务的特点

1．方便

移动终端既是一个移动通信工具，又是一台移动 POS 机、一个移动的银行 ATM 机。用户可在任何时间、任何地点进行电子商务交易和办理银行业务，包括移动支付。

2．不受时空限制

移动电子商务是电子商务从有线通信到无线通信、从固定地点的商务形式到随时随地的商务形式的延伸，其最大优势就是用户可随时随地地获取所需的服务、应用、信息和娱乐。用户可以在自己方便的时候，使用智能手机或平板电脑查找、选择及购买商品或其他服务。

3．开放性、包容性

移动电子商务因为接入方式无线化，使得任何人都更容易进入网络世界，从而使网络范围延伸更广阔、更开放；同时，使网络虚拟功能能连接现实，因而更具有包容性。

4．潜在用户规模大

截至 2018 年 6 月，我国网民规模达 8.02 亿，普及率为 57.7%。其中，手机网民规模已达 7.88 亿，网民通过手机接入互联网的比例高达 98.3%。而从消费用户群体来看，手机用户中基本包含了消费能力强的中高端用户，以移动电话为载体的移动电子商务不论在用户规模上，还是在用户消费能力上都优于传统的电子商务。

5．易于推广使用

移动通信所具有的灵活、便捷的特点，决定了移动电子商务更适合大众化的个人消费领域，如自动支付系统，包括自动售货机、停车场计时器等；半自动支付系统，包括商店的收银柜机、出租车计费器等；日常费用收缴系统，包括水、电、煤气等费用的收缴等。

8.2 好孩子：积极转型无线运营

8.2.1 好孩子公司概况

好孩子公司是全球领先的儿童用品公司及中国最大的母婴产品分销和零售平台（官方商城如图 8-1 所示），专业从事儿童及母婴产品的研发、制造、分销和零售。好孩子公司于 1989 年创立，以"关心孩子、服务家庭、回报社会"为宗旨，以"改善儿童生存环境，提高儿童生活品质"为使命，通过持续创新，不断提供安全易用、充满爱心的优质育儿产品。2015 年，好孩子公司移动客户端"妈妈好"App 正式上线。2018 年 6 月，好孩子公司上线小程序电商，推出官方小程序商城"遇见好孩子"。

图8-1 | 好孩子官方商城

8.2.2 好孩子公司无线运营成功要素分析

好孩子公司作为中国母婴领先品牌，2011 年在淘宝网建立好孩子官方旗舰店，2013年开始重视无线端的运营工作，主要有以下几方面工作。

1. 店内定期创建手机专享和无线秒杀活动

好孩子公司无线端的日常运营除了同步 PC 端的活动外，还定期创建手机专享的活动，培养无线用户定期访问手机店铺的习惯。无线端用户访问的高峰是 10:00 和 22:00，店铺内每周三定期举办无线秒杀活动，活动商品主要是低单价、高转化率的用品。每周一次的无线秒杀活动可以吸引用户浏览手机店铺，提高店铺的整体转化率。

2. 提升粉丝黏性，与微淘做互动活动提升用户黏性

无线端用户一般都利用零碎的空闲时间进行手机购物，页面的停留时间较短，需要通过互动活动增加粉丝数，提升黏性。增加无线端关注的方法主要是 PC 端页面导流和微淘抽奖粉丝互动活动。好孩子公司的 PC 端有手机专享页面，即好孩子无线频道，图 8-2 所示说明了关注手机店铺和微淘的方法。微淘定期举行抽奖活动，用户必须关注微淘才能抽奖。

图8-2｜好孩子无线频道

3. 大促活动无线端积极同步，并设定专属优惠

天猫的大促活动，如"双11"、天猫年中促和"三八"手机淘宝生活节都是无线端流量高峰的时机。良好的大促预热活动可以很好地吸引新粉丝，手机店铺可以在大促期间做些粉丝互动和无线专享优惠券的预热活动。

无线端的预热活动总共分为三个阶段。

第一阶段：品牌宣传和品牌实力展示，主要展示好孩子的品牌实力和品牌影响力。

第二阶段：重点商品预热，通过发放无线端专享优惠券和商品利益点，鼓励消费者收藏和加入购物车，参与微淘有奖互动活动，以提高店铺关注度。天猫年中促手机淘宝客户端首页的广告如图 8-3 所示，页面重点是年中促活动展示、优惠券领取、重点商品展示等。

第三阶段：年中促当天售罄商品替换，随时更新公布售卖情况，以刺激买家。

4. 维护老客户，提升无线端老客户成交占比

老客户维护是运营工作中非常重要的环节，除了每个月同步 PC 端的会员日活动外，无线店铺还对老客户设置了以下活动。

（1）老客户抽奖活动。用户在店铺购买满 399 元的

图8-3｜好孩子公司无线端广告

商品，扫描包裹二维码即可参与抽奖活动，获取店铺优惠券。针对老客户的抽奖活动可以提高老客户的回访率，如图 8-4 所示。

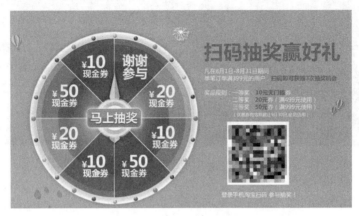

图8-4 | 好孩子公司抽奖活动

（2）无线端店铺首页设置领取会员卡链接。无线会员卡是手机淘宝重要的会员营销工具，会员领取会员卡后可以看到店铺设置的会员商品和无线会员专享活动。

思考：

1. 好孩子公司是如何运营无线端店铺的？
2. 好孩子公司移动电子商务成功的关键是什么？

8.3 贝店：社交电商的范本

移动互联网时代，人们最爱聊的就是"颠覆"。每一个入场的新玩家，都抱着一颗颠覆的心，然而说说容易，真要颠覆何其艰难，正所谓天时、地利、人和，缺一不可。阿里巴巴集三者于一身，成为传统商业的颠覆者；腾讯集三者于一身，成为社交世界的颠覆者；滴滴集三者于一身，成为出行领域的颠覆者。在上升通道日益狭窄、行业壁垒越来越高的互联网丛林，颠覆者其实一直都未断绝，比如风头正劲的贝店，就是社交电商的颠覆者。

贝店创立于 2017 年 8 月，是专注于家庭消费的社交电商平台（见图8-5），贝店采用"自营＋品牌直供"的模式，与源头品牌直接合作，店主无需囤货、发货，由贝店统一采购、统一发货、统一服务。与传统平台电商不同，贝店通过人与人之间的分享与传播，实现买家、店主以及供应链的三方连接，将精选的商品送达买家的手中。

1. 开启以人为核心的电商零售模式

2017 年可谓社交电商的爆发年，这一以人际关系为核心的社交型交易模式，已经成为热门的电商模式之一。

图8-5 | 贝店官网首页

贝店是贝贝集团基于"无社群不电商"的理念，全新推出的社交电商 App。其核心发展因素就是"社群"。社群的口碑裂变和自传播性使社交电商的销售力迅速放大。

作为全民手机开店 App，贝店鼓励店主入驻。由贝店负责前期货品准备、发货和后期客服等各个环节，店主只需在朋友圈、社群完成产品推荐环节即可实现创业零门槛。在这一过程中，贝店以人为中心、以信任为纽带、以场景为抓手，利用社群强大的自生长性和裂变性，为用户和产品创造有价值的连接，实现业务的快速发展。贝店的这一战略，让其在移动互联网的消费环境下表现优势明显。上线不到半年，就实现了店主数和销售额的裂变式增长。从这一点看，贝店实现了对传统电商模式的突破，抢占了移动互联网和社交平台发展的先机。

2. 携手大牌，力求正品保障

贝店从上线之初就确立了"全球直采正品保障"的发展策略。贝店力求与全球品牌方、源头工厂合作，只做自营正品，确保源头直采，让店主不需要囤货便可轻松坐拥海量资源。

贝店已入驻超过百家全球知名大牌，如亨氏、蓝月亮、自然堂、伊利、迪士尼等品牌。除了产品由品牌方 100% 直供以外，贝店与这些品牌方还将对自身资源进行整合、置换，探索更多品牌推广的新玩法。传统品牌企业入驻社群电商的原因在于传统流量获取遇到瓶颈，他们开始寻求区别于传统手段的发展新思路，而带有强社群属性和强口碑裂变传播属性的社交电商——贝店，成为他们的主要目标。贝店的出现把连接的成本降到了最低，结束了消费者围绕某一个购物平台形成只有一个中心的购物网络，打破了流量昂贵的现状。社交人群具有天然的社交属性，他们乐于在微信群、朋友圈等社交渠道分享产品，通过口碑传播产生的品牌效应远比传统广告更加有效。社会正在慢慢进入"我时代"，其中最大的特征在于新一代买家非常愿意相信朋友的推荐，因此在社交环境下购物也成为主流趋势。

3. 提供强劲后端供应链与服务

贝店让店主只需在社群、朋友圈完成产品推荐环节即可，而贝店负责前期货品准备、发货和后期客服等各个环节。这对于贝店的后端供应链提出了非常高的要求。贝店已经开始布局全球高效仓储体系，已经拥有分布于华东、华南、华中等地，总面积超十万平方米的仓储体系。合理的布局，实现了各地生鲜产品的就近快速发货。

贝贝集团与顺丰、天天、申通等八大快递公司一直保持着深度的战略合作关系，通过数据共享，贝店可以准确了解发货地和用户所在地的物流效率，根据这些数据在不同地区选择不同快递公司，实现最高效的物流体验。贝店为店主提供全智能 IT 系统支持、便捷开店工具及智能化大数据系统，帮助店主轻松洞察用户属性和需求。同时，贝店还为店主提供全方位的培训指导。这些后端实力也是帮助贝店强力发展的重要环节。

4. 电商助农，另辟蹊径

贝店上线以来，生鲜农产品格外受到买家的欢迎。贝店在为买家寻找好产品的同时，也利用自身平台和供应链优势，不断为品质好而知名度不高的农产品打开市场。泗水县作为山东省较为困难的地区之一，一直是个看天吃饭的农业县，2017 年还出现了千亩包菜滞销的困境。贝店的介入使泗水县不但无须为农产品销路发愁，农民收入也有了成倍的提高，而贝店用户也可以买到质优价廉的农产品。

在社交电商的模式中，生鲜农产品将是潜在的能够打造爆品的品类。同时更重要的是，能帮助更多的农产品销售，让更多的农民脱离贫困。贝店开启电商抚农战略，走进农村一线，开启"全球寻鲜之旅"以及"农业＋电商"的扶贫模式。贝店已与江西赣州、福建平和、陕西杨凌、河南三门峡等地区达成战略合作，帮助当地进行优质农产品的销售。

农户负责农作物的种植和采摘，贝店则完成后续包括产品营销、销售、物流、售后等一系列流程。双方各自负责专业的分工，将优质农产品推进全国的千家万户。同时，贝店还利用自身技术优势，通过大数据分析对当地进行种植指导，根据各个产地产品的受欢迎程度、销售数据等提出种植建议。贝店从前期种植环节到平台销售全过程的参与，从源头上做到了精准助农。

2017 年，贝店先后获得《21 世纪商业评论》、《经济观察报》、凤凰网等多家媒体颁发的各类奖项，其中，商业模式类奖项占了大部分。商业模式是决定一家平台能走多远的关键，而这也是行业和媒体集体看好贝店的重要原因。在社会价值方面，贝店在解决就业方面有不小的贡献。贝店让普通群众实现了轻松创业，同时还在物流、仓储、客服等环节创造了大量就业机会，实现了从企业价值到社会价值的转变。

思考：

1. 贝店迅速发展的原因是什么？
2. 社交电商的优势体现在哪里？

8.4　贝贝网：如何攻下母婴市场

贝贝网以母婴产品特卖入局母婴电商；蜜芽凭借跨境切入母婴，获得百度融资；宝宝树从2007年起便深耕母婴社区内容领域……几年来，这些母婴巨头们的发展势如破竹。其中，贝贝网（见图8-6）的发展尤其迅速，到2017年年底已占据了垂直母婴电商市场70%的市场份额。

图8-6｜贝贝网官方首页

1. 用户与盈利双双破亿，持续领跑母婴电商

2014年4月15日，贝贝网正式成立。短短两年时间，贝贝网的各项数据开始在不同的母婴行业分析报告中持续领跑。2016年，TalkingData的数据报告显示：贝贝网App的覆盖率及活跃度超后9名总和的3倍以上。

2017年7月12日，贝贝网正式对外宣布实现半年盈利1亿元，成为首家盈利超亿元规模的母婴公司。同时，贝贝网开始涉足亲子、早教等"大母婴"产业领域。2017年9月，贝贝网用户量正式突破1亿。2017年年底，Questmobile发布的报告中称，在母婴人群使用的综合电商App排行榜中，贝贝网以渗透率4.6%的成绩位居第四，其对母婴群体的渗透率已经开始赶超天猫等综合电商平台。

2. 产品定位非标品，延长用户周期

早期，大多数母婴电商平台选择奶粉、纸尿裤等标品作为切入口进入母婴行业，原因在于奶纸品类向来是冲击成交额的利器，但此举却为日后的发展埋下了"隐患"。众所周知，依靠价格战圈起的用户往往缺乏用户黏性，而奶粉、纸尿裤的黄金消费期仅限孩子0～3岁时，花大成本引入的客户在短暂的生命周期之后便会流失。《2015年中国线上母婴市场发展白皮书》中显示：童装童鞋已成为母婴行业交易规模最大的品类，而婴幼儿奶粉品类的占比却明显下降（见图8-7）。

对此，贝贝网从一开始就没有被"烧钱"的标品绑架，反而以童装童鞋等非标品为自己垒高护城河。2016年6月，贝贝网非标品类目销售占比已突破75%。2016年"双

11"，其非标品销售占比达到 85%。而在 2017 年"双 11"，前 30 分钟贝贝网童装和童鞋的订单量更是实现了 350% 和 300% 的同比增长。可以说从一开始，非标品类目的强优势就为贝贝网日后的盈利打下了坚实的基础。

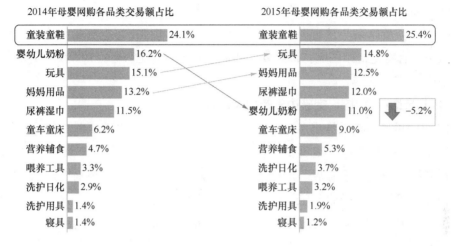

2014年母婴网购各品类交易额占比		2015年母婴网购各品类交易额占比	
童装童鞋	24.1%	童装童鞋	25.4%
婴幼儿奶粉	16.2%	玩具	14.8%
玩具	15.1%	妈妈用品	12.5%
妈妈用品	13.2%	尿裤湿巾	12.0%
尿裤湿巾	11.5%	婴幼儿奶粉	11.0% −5.2%
童车童床	6.2%	童车童床	9.0%
营养辅食	4.7%	营养辅食	5.3%
喂养工具	3.3%	洗护日化	3.7%
洗护日化	2.9%	喂养工具	3.2%
洗护用具	1.4%	洗护用具	1.9%
寝具	1.4%	寝具	1.2%

图8-7 | 母婴网购各品类交易额占比

非标品的优势不仅在于其背后更大的利润空间及需求量，更重要的是相比奶粉和纸尿裤，童装童鞋等非标品由于款式多样更容易形成"逛逛逛"的氛围，这意味着更高的活跃用户数。此外，童装童鞋等非标品又是孩子从 1 岁到 12 岁的长期需求，这无异于变相延长了贝贝网的用户周期。

3. 移动用户占比95%：手握足量移动红利

移动端的重要性已是老生常谈，但贝贝网在 2014 年就将重心放在了移动端，这让其享受到了母婴与移动端的双重"风口红利"。截至 2017 年，其移动端用户占比已达到 95%，这意味着在获取用户层面，贝贝网凭借大力投入移动端的策略大大降低了后期的用户成本。

2017 年，大多数母婴从业者感受到了流量的压力，加之新零售概念的提出，大家纷纷开始往线下走。而这一次，手握 1 亿用户的贝贝网没有把重点放在"去线下寻找流量"。在贝贝网看来，接下来要思考的是如何提升用户体验，如何更精细化运作。毕竟，对于贝贝网目前的体量，如果老客复购率上升 1%，在交易量上的体现就是数亿的变化。

4. 月活用户突破1 300万：大数据系统优化用户体检

2017 年 9 月，专注于移动互联网数据研究的 Questmobile 发布《2017 年移动互联网秋季报告》，贝贝网以超 1 300 万的月活用户数据位列母婴电商平台首位。自 2017 年起，在提升用户的活跃度上，贝贝网主要做了两件事：一是提升移动端购物体验，加快大数据渗透；二是着力打造会员体系。

为了提升移动端的购物体验，确保用户能快速发现自己想买的品类和商品，贝贝网在

App 以及微信端开始推行千人千面的呈现方式。也就是说，每个妈妈用户所看见的首页都是基于其过往的购物行为、浏览喜好而得出的定制版的个性推荐。截至 2017 年年底，贝贝网平台大数据渗透率超过 70%，单在小程序端，由于大数据的介入，其推文阅读率就提高了 20%，而消息通知的千人千面化更是带来了大量的销售额提升。

贝贝网对会员体系非常重视。2017 年 4 月，贝贝网推出了全新铂金会员卡服务，会员用户除了享有特定折扣的购物优惠外，还能享受更多衍生服务，持续的利好策略使其用户复购率逐步攀升。

5. 育儿宝增速超8倍：突破边界转型大母婴战略

2017 年，贝贝网相继推出了育儿社交 App 育儿宝、专注儿童早教的 App 早教宝，以及贝贝亲子业务。作为记录宝贝成长的育儿社交平台，育儿宝凭借连续 4 个季度超 100% 的极速增长率，成为"晒娃界"用户月活跃度仅次于亲宝宝的"黑马"产品。截至 2017 年第三季度，贝贝网亲子业务已整合了超 70 万的亲子服务商户信息，累积点评信息库达到百万条，占领了中国亲子服务的领导位置。至此，贝贝网基本实现了新母婴的生态化共建（见图 8-8）。

图8-8｜新母婴的生态化共建

▌ 思考：

1. 贝贝网攻下母婴市场的原因是什么？
2. 贝贝网为何将重心放在移动端上？

 # 8.5 拓展案例

WIS：护肤的微营销之路

随着社会经济的发展，生活节奏的加快，年轻人的学习、工作、生活等种种压力也接踵而来。日常作息和饮食的不合理，以及皮肤护理不当等行为，往往会使年轻人原本纯净的肌肤产生各种皮肤问题。

WIS（微希）成立于 2010 年，定位为"为年轻而生，以拯救年轻肌肤为己任"，是国内最热销的护肤品牌之一，致力于为年轻人的常见皮肤问题，如痘痘、粉刺、黑头、粗大毛孔、油光及痕印等提供全面、安全的解决方案。

早期的 WIS 依托淘宝店进行销售，一直在寻找一种能够有效拉动淘宝销量的方法。WIS 做过淘宝直通车，做过其他站外引流，效果一直平平。后来，WIS 开始在新浪微博上运营（见图 8-9），其微博营销主要做的是利用名人微博效应带动企业微博，通过微博红人的知名度来得到消费者的关注和了解。通过不懈的努力，2018 年年底，WIS 的最新粉丝数已经达到 300 万。

图8-9 | WIS微博

现在人们在微信上花的时间越来越多，微信成为社交工具的主流。

WIS 在口袋通免费开通了微信店铺，买家只需要使用微信就可以方便、随时地购买商品。同时微信在分享信息方面也非常方便，可快速分享给朋友或者发到朋友圈，利于口碑营销。开通微信店铺的同时，WIS 通过微信上面的各种活动，把一些有意向的粉丝积累并沉淀下来。拥有粉丝，就是拥有流量，有了流量，销售量自然会提升。

很多商家认为，微信生态系统相对封闭，很难从其他渠道推荐粉丝来关注微信，那么WIS 是怎么引流的？

WIS 微博的粉丝基数很大，公司想到了从微博推荐到微信的方法，在微信端通过签到送礼物，定期开展秒杀活动等来提高店铺的人气，通过一系列的活动，微博粉丝陆陆续续到微信上来了。

WIS 微信运营团队有的负责私信回复，充当客服工作；有的负责订单处理，还有售后工作（还兼顾其他平台）；有的负责运营与内容维护。

可以说 WIS 的微信店铺是当前非常成功的标杆案例，其成功主要归功于以下几点。

（1）有良好的微博营销的基础，300 万的微博粉丝是其成功的保障。

（2）有良好的粉丝运营能力，通过签到的活动，保障了粉丝的黏度。

（3）有良好的服务意识，通过专人服务，解答粉丝的问题，并实现了良好的互动，从而提升了粉丝的忠诚度和传播意愿。

当然，WIS 在微营销上也有一些不足。

（1）在后台系统上还存在不足，没有配备专业的订单管理系统、客户关系管理系统、仓库管理系统等系统软件。

（2）对多平台营销的特点认知上也存在不足，没有真正地实现全网营销。

▌思考：

1. WIS 品牌能够成功的原因是什么？
2. 微博平台和微信平台在营销方面各自具备哪些优势和不足？
3. 哪些产品比较适合微营销？

本章总结

随着智能手机和移动互联网的深度结合，移动电子商务市场正迅速发展。在竞争激烈的电子商务市场，移动电子商务的出现对传统电子商务来说，是电子商务市场在移动端的延伸和补充，具有非常广阔的发展前景。本章首先对好孩子公司无线端运营的成功因素进行了分析，然后分析了贝店进入移动电商领域，成为"社交电商"范本的原因，最后分析了贝贝网成为垂直母婴电商市场领导者的原因，供读者学习和参考。

课后练习

1. 为什么说电子商务移动化是大势所趋？
2. 了解你身边的移动电子商务企业，说说他们的特色有哪些。

第9章

跨境电子商务案例分析

本章学习目标

- ◆ 了解跨境电子商务的含义和发展历程
- ◆ 了解跨境电子商务的分类
- ◆ 熟悉跨境电子商务企业的运营模式

9.1 基本知识点

9.1.1 跨境电子商务的含义

跨境电子商务是指分属不同关境的交易主体，通过电子商务平台达成交易、进行支付结算，并通过跨境物流送达商品、完成交易的一种国际商业活动。跨境电子商务涉及众多环节和业务流程，以出口模式为例如图 9-1 所示。跨境电子商务并没有改变其电子商务的本质，依然是电子工具在商务活动中的运用，只不过运用的对象限定为跨境商务活动。

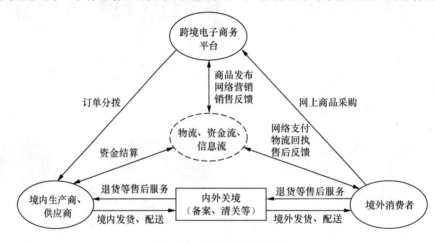

图9-1 | 跨境电子商务流程

9.1.2 我国跨境电子商务的发展历程

跨境电子商务在中国取得了飞速的发展，根据中国电子商务研究中心发布的报告，2018 年中国跨境电子商务交易规模已经达到 9 万亿元。中国跨境电子商务的发展历程分为三个时期。

1. 第一阶段（萌芽时期，1997—2003 年）

1997—2003 年为跨境电子商务的萌芽时期。这段时期，跨境电子商务在中国开始起步，一些企业尝试使用电子商务开展国际贸易。跨境电子商务最初主要以线上展示和线下交易的形式开展。企业通过在跨境电子商务平台上展示自己的产品，扩大企业和产品的知名度与影响力，从而更好地与客户建立联系，促进企业销售规模的增长。由于这一时期线上交易与结算技术并未足够完善和成熟，所以此时的跨境电子商务平台基本不涉及任何直接的交易环节。整个过程中，跨境电子商务平台仅扮演着为买卖双方提供信息服务的角色，盈利主要源于平台企业缴纳的会员费。

在萌芽时期，我国有大量的跨境电子商务平台成立。最具代表性的阿里巴巴国际站即成立于 1999 年，现已成为全球最大的跨境 B2B 电子商务平台之一，并由最初的线上 B2B 信息服务平台逐渐转变，发展成为跨境 B2B 线上交易平台。除此之外，在这一时期成立的跨境电子商务平台还有中国制造网、中国化工网等。

2. 第二阶段（发展时期，2004—2012年）

2004—2012 年为跨境电子商务的发展时期。随着互联网的不断发展普及、物流体系和线上交易结算技术的日趋完善，跨境电子商务开始呈现出一些新的特点，越来越多传统线下的交易、支付行为转向了线上。跨境电子商务平台也由原本的信息展示平台转变为了在线交易平台，与人们脑海中的跨境电子商务更为接近。这阶段的跨境电子商务平台能帮助企业有效地整合资源，减少产品销售过程中的环节，为客户提供更优质、廉价、个性化的产品与服务。

随着业务范围的扩大，平台的营收范围也得到了进一步的扩张，不再局限于平台会员缴纳的会费。平台新增的收益来源于两个渠道，一是平台根据企业交易额收取的一定比例的交易佣金；二是推出更多针对销售推广（搜索排名等）、支付物流方面的增值服务（只有平台上高级别会员或支付了专项服务费用的企业能够享受相应的服务）。

在这一阶段，跨境 B2C 和 C2C 业务得到了迅速的发展，出现了大量面向境外买家的跨境电子商务平台，如兰亭集势、全球速卖通等。这一变化对我国外贸领域的交易主体和交易方式产生了巨大影响，大量中小企业得以参与国际贸易；企业更多地开始采用直接出口方式出口，不经过贸易中介直接将产品销售给境外客户。

3. 第三阶段（爆发时期，2013年至今）

2013 年至今是跨境电子商务发展的爆发时期。随着交易规模的不断扩大，跨境电子商务引起了国家的高度重视，国务院发布的多个文件反复强调鼓励和支持跨境电子商务的发展，从中央到地方政府出台了一系列的扶持政策，越来越多关于跨境电子商务的法律法规颁布。这一时期，跨境电子商务迎来了迅猛的发展，其全产业链朝着商业化模式转变。这对传统国际贸易产生了深远的影响，贸易的主体、方式、销售环节、产品构成、买卖双方市场分布及其国际分工关系都发生了相应的改变；更多的中小企业开始参与到国际化进程之中；外贸企业对出口中间商和代理商的依赖程度显著下降；企业出口市场和产品日趋多元化、出口产品高技术化。国际贸易因为跨境电子商务的出现得到了进一步的发展，跨境电子商务带来的贸易红利惠及贸易各方。

这一阶段的突出特征主要反映在三个方面。一是中国跨境零售进口业迅速发展。天猫国际、京东全球购、网易考拉、聚美优品等平台进入了人们的日常生活，买家可以轻松地从网上购买到来自世界不同国家（地区）的各色商品。二是大型工厂上线。相比在跨境电子商务平台上开设店铺的中小企业，一些大型企业更愿意采用自建网站或销售平台的方式对企业和产品进行宣传。大型工厂的频繁上线使得跨境电子商务大额订单数量不断增加，跨境 B2B 交易规模逐年扩大。三是外贸企业的生产向柔性定制转变，以应对不断增加的客源和日趋复杂的客户个性化需求。

9.1.3　跨境电子商务的分类

1. 进口跨境电子商务

进口跨境电子商务的发展史，可追溯到 2005 年。2014 年以后，进口跨境电子商务的发展速度明显加快，境内电子商务巨头纷纷抢滩跨境电子商务领域，建立起"海外购"板块。进口跨境电子商务的典型代表有天猫国际、京东海外购、苏宁海外购、顺丰海淘和洋码头等。进口跨境电子商务有三种基本的进口模式：保税备货、保税集货和海外直邮。

（1）保税备货模式。保税备货模式的突出特点是购物前备货，它指的是企业在买家产生订单前通过其专有渠道在境外进行统一采购并将采购的产品存放在保税区指定的保税仓库内。订单产生后，跨境电子商务企业通过海关办理一系列的通关手续，经海关审核之后，商品从保税仓库直接出货，由第三方物流公司送达买家手中（见图 9-2）。这种模式有着一定的优势，如保税备货的商品只需要付行邮税；收货周期短，从境内保税仓库直接发货，时间上和境内基础物流的时间基本一致；售后服务好，保税仓库存货量丰富，售后退换货物方便，有利于维护良好的客户关系。这种模式也存在一定的缺点：商品种类少，提前境外集中采购，必然无法满足买家多样化的需求，对于新兴、量少的货物覆盖率低；无法精准地把握进货量，进货量成为各电商平台的一大难题，量多了怕卖不出去，量少怕不够卖。

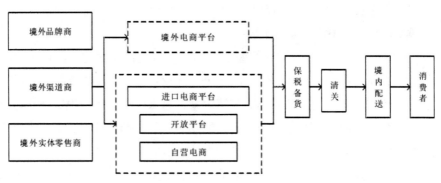

图9-2｜保税备货基本流程图

（2）保税集货模式。保税集货模式与保税备货模式最大的不同之处在于集货模式没有存货。当多个买家的订单达到一定数量后，跨境电子商务企业根据跨境电子商务平台的订单，统一在境外采购货物，统一打包，统一入境。商品统一抵达境内后，由相关的物流企业根据买家的信息进行初步的分拣并粘贴面单，再通过海关审核放行之后由物流公司分别配送到不同的买家手中。该模式的优点有可降低资金成本和投资风险，集货电商无需将未售出的商品提前购货存放；保证产品的新鲜，对于一些有保质期的商品来说，这种方式能保证商品的新鲜度。缺点为网购时间长，因为要多个买家下订单之后再去境外采购，入关之后统一发货，时间一般要比保税备货时间长一周左右；且加重了物流公司的负担，因为采购的商品入境后，物流企业要根据买家订单信息再分拣、粘贴，延长了物流中心操作时间。

（3）境外直邮模式。境外直邮模式与前两种模式的区别之处在于，订单产生以后，跨境电子商务企业或个人通过境外快递直接邮寄到买家手中。这种模式的优势在于商品种类齐全，买家可以按照自己的意愿购买稀缺、优质、新奇的产品；减少了操作流程，不需要填写转运信息。这种模式的劣势也比较明显：费用高，是三种模式中费用最高的；物流时间久，不论商品是在境外还是境内都是通过平邮包裹邮寄，时间也是三种模式中最久的。

2. 出口跨境电子商务

2018 年，中国出口跨境电子商务交易规模达 7.9 万亿元，不仅远远超过进口跨境电子商务，而且增速保持更加稳定。中国出口电子商务的主要市场是欧美发达地区，前五大出口市场为美国、欧洲地区（英国、德国、法国、西班牙等）、东盟地区、日本、韩国，而出口增速最快的国家为阿根廷、以色列、挪威、俄罗斯、巴西等。美国是中国最大、最主要的出口电子商务贸易市场，就品类而言，服饰鞋帽是出口美国市场的最大品类，其次为3C 消费电子产品、珠宝首饰等时尚品类。欧洲地区是仅次于美国的第二大出口目的地市场，其中英国、德国、法国、西班牙是我国最主要的欧洲出口市场。

在跨境出口电子商务平台中，按照客户性质细分，可以分为 B2B 电子商务与 B2C 电子商务两类。出口 B2B 电子商务在我国跨境电子商务中处于绝对主导地位，国内最早出现的即是以环球资源网、阿里巴巴国际站为代表的出口 B2B 电商。从市场份额来看，出口 B2B 市场集中度较高，其中阿里巴巴国际站、上海钢联、环球资源网、慧聪网、中国制造网处于领先地位。2006 年以后，出口 B2C 电子商务才开始真正大规模出现和兴起，主要分为开放式和自营式：开放式有阿里巴巴的全球速卖通、亚马逊、eBay 和 Wish 等；自营式有兰亭集势和环球易购等。从市场份额来看，出口 B2C 市场集中度较 B2B 而言相对低，其中全球速卖通和环球易购分别在国内开放式和自营式平台中份额领先。出口 B2B和 B2C 的模式对比如表 9-1 所示。

表9-1　出口B2B和B2C的模式比较

模式	B2B	B2C
核心业务	致力于提供产品、企业及供求交易信息服务；后期可实现交易环节	直接针对最终买家，以网上零售的方式，将产品传递给买家
盈利模式	以提供信息及相关服务收取费用，通常盈利渠道有会员费用、广告费用、搜索排名费用等；后期还有平台佣金	直接通过产品销售获得利润。自营商为采购和销售差价；生产制造商则为产品销售收入减去生产成本；平台抽取佣金

模式	B2B	B2C
现金流	现金流有周期性，收费多为一次性收取，易受经济大环境变化和同行影响	现金流较为稳定（季节性产品会有影响），客户黏度高，重复消费多
人员配备	咨询团队、技术团队、客服团队、业务团队	推广团队、技术团队、客服团队、物流团队
盈利能力	以规模取胜，整体盈利规模庞大，但是投资回报周期较长，利润水平较低	以专业取胜，规模较小，一般专注于某类产品，业务量少，但是投资见效快，能够快速获得较高的利润

9.2　天猫国际：进口跨境电子商务典型案例

9.2.1　天猫国际概况

天猫国际作为进口跨境电子商务的典型代表，是中国互联网企业巨头阿里巴巴集团旗下的进口跨境电商平台，属于阿里巴巴集团旗下天猫商城下的一个子频道，为买家直供海外原装进口商品。

天猫国际上销售的产品并非由阿里巴巴集团直接参与采购、存储和销售，天猫国际的角色更类似于百货商场，邀请各个零售商或品牌商入驻后为其提供店铺与产品展示渠道，并提供营销广告、支付工具、物流系统、库存管理、报表管理等一系列附加服务，并从中收取年费和一定比例的佣金。

2014年2月19日，阿里巴巴宣布天猫国际正式上线。此时，天猫国际经营商品主要有鞋帽服饰、食品保健、母婴及美容护肤四大类，采用海外直邮的发货方式，对外宣称"100%海外原装正品，100%海外直邮"。2014年3月，天猫国际与郑州综合保税区及杭州跨境产业园两个试点城市签署合作合同，开展"保税进口"模式。2014年5月，阿里巴巴与法国政府签署备忘录，法国品牌集体进驻天猫平台，支付宝和中国智能物流网提供支付和物流方面的支持。2014年10月，美国第二大零售商Costco与天猫国际宣布开启战略合作，入驻仅3天，Costco就卖出近3吨柯克兰坚果和近1.5吨蔓越莓干。2014年11月，天猫国际数据接入海关系统，实现了海关监管的数据化。

2015年2月，天猫国际启用新域名，属于天猫的二级域名。2015年3月，英国皇家邮政与天猫国际达成合作，将重点引进母婴、食品、化妆品等英国品牌。2015年6月，阿里巴巴集团旗下聚划算平台和天猫国际联合开启"地球村"模式。美国、英国、法国、西班牙、瑞士、澳大利亚、新西兰等十一个"国家馆"在天猫国际亮相，阿里巴巴跨境进口版图初成。2015 年 7 月，天猫国际推出全球免税店项目，该项目基于"出境游 + 出境购"的真实消费场景，与世界各大免税店集团通力合作，实现数据、物流、支付对接，并打通了跨境购买、跨境支付等从前端到后端的境外游免税购物全链条。2015 年 8 月，美国零售商巨头梅西百货入驻天猫国际。同月，阿里巴巴旗下消费金融产品蚂蚁花呗接入天猫国际，支持用户信用消费。之后诸多知名品牌商、零售商纷纷入驻，如日本知名药妆店松本清、德国零售超市麦德龙、日本花王等。

截至 2018 年年底，天猫国际共引进了 77 个国家和地区的超 4 000 个品类、超 20 000 个海外品牌进入中国市场，其中 8 成以上是首次入华。2019 年，天猫国际宣布将持续加大投入，在 5 年内实现超过 120 个国家和地区的进口覆盖，商品从 4 000 个品类扩充到 8 000 个品类以上。

9.2.2 天猫国际的运营模式

跨境电子商务企业的运营模式基本可以分成自营模式和平台型模式两种。由于我国电子商务平台型企业起步较早，加之平台型模式更易规模化，所以目前中国进口零售电子商务市场以平台型模式为主。天猫国际的主要运营模式就是平台型模式。跨境进口平台型电子商务企业的运营流程如表 9-2 所示。

表9-2　跨境进口平台型电子商务企业的运营流程

建立平台	跨境电子商务平台的开发与建设，包括网站域名、名称、商标、设计网站布局与风格、语言开发与设置等
引流	流量是跨境电子商务平台的基础。跨境电子商务平台需要通过广告、市场活动扩大知名度和品牌形象。借助大数据技术，根据买家浏览轨迹定向推荐商品，吸引和激发潜在消费需求
招商	招商是为了生存和发展。卖家主要位于境外，需要平台严格掌握境内外资质审核标准、卖家所在地相关规定，确保商品的质量和顺利通关，还需要扩大商品种类
平台管理	平台管理是重点项目。管理包括卖家、商品和平台自身，要监督和约束卖家的不当行为，确保商品的供应和品质
物流	搭建物流系统服务卖家，建立物流信息系统，提供信息对接服务。自建集货仓、保税仓和海外仓等
服务	研究平台卖家服务上的不足，补充售后与客服，提供在线信息沟通工具用于客服工作，评估卖家的服务质量，处理买家投诉和部分退换货工作

天猫国际还致力于打造海外仓直购新模式，构建全球供应链网，为"小而美"的海外品牌提供一条高效的绿色通道以快速进入中国市场。2019 年，天猫国际的海外仓项目将

孵化超过 100 个优质海外中小品牌，为中国买家引进 1 000 个全球趋势尖品。截至 2019 年 3 月，天猫国际海外仓已经开通了美国仓、日本仓和韩国仓直购业务，欧洲仓也即将上线，上万欧洲潮流尖货将与中国买家见面。海外仓将结合 Lazada 和天猫出口业务，不仅能让海外商品卖到中国，让中国商品出口海外，还能通过天猫把日韩等国的商品卖到东南亚，实现全球买全球卖的愿景。

9.2.3　天猫国际的竞争优势

总体而言，天猫国际的竞争优势如图 9-3 所示。

图9-3｜天猫国际的竞争优势

为了确保商品原装正品，天猫国际已经和中检集团（CCIC）达成战略合作，计划让每一个商品上都贴上代表天猫国际和中检集团背书的码。2019 年，该计划已经在奶粉类目落地，后续还将陆续应用到保健品、食品、化妆品。该背书可以保证商品为 100% 海外原产、100% 海外市场同步、100% 第三方背书。

为了差异化扶持品牌商家，天猫国际开通了直营频道。直营频道是为了扶持小而美的商家而生的，这些商家可能只有两三个爆款，一旦选择开店可能会被迅速淹没，直营会提供一个像进口超市一样的通道，让小而美的商家将所有的运营、消费者互动都交给平台，更好地适应中国市场。

除了线上的品控和差异化运营外，天猫国际还在线下布局，通过布局新零售让消费者的体验升级。依托整个阿里巴巴集团的技术支持，天猫国际在线上方面已经实现了 C2B 选品以及千人千面的个性化展示；在线下方面，天猫国际也致力于让消费者的体验线下化、购买线上化，而目前在做的解决方案，就是在线下搭建体验空间。

思考：

1. 天猫国际的运营模式有何特点？
2. 天猫国际作为进口跨境电子商务平台有何优势？

9.3　大龙网：出口跨境电子商务典型案例

9.3.1　大龙网公司概况

大龙网成立于 2010 年 3 月，是商务部首批跨境电子商务试点企业之一，是帮助国内 1 500 万家制造企业成长为全球品牌商、全球供应商、全球跨境电子商务的孵化台。同时，大龙网也是国内首家大规模全球本土化跨境实业互联服务平台，在跨境产业互联的大通道上，提供跨境金融服务和平台增值运营服务。

大龙网在成立的最初三年，从开网店到转战 eBay，再到做自己的垂直型平台，从运营模式来看都是 B2C 模式。直到 2012 年，大龙网总裁冯建峰在考察巴西市场时，发现巴西海关已经在以非隐性的方式控制国外商品的进入，于是在 2013 年大龙网正式调整运营模式，宣布进军 B2B。

在"互联网＋"的时代背景下，大龙网推出了"移动互联网＋外贸"的跨境电子商务 B2B 模式，通过全球商人在线沟通交易 App 平台"约商"及线下分布在全世界的网贸会，让全球商人实现沟通交易无障碍。据《2018 年中国跨境电子商务行业"百强榜"》显示，大龙网在 2018 年中国出口类 B2B 跨境电子商务平台序列中跻身第七位，与它一起上榜的还有阿里巴巴国际站、敦煌网等诸多跨境电子商务平台。

9.3.2　大龙网的运营模式

大龙网成立于 2010 年，从开网店到转战 eBay，再到做自己的垂直型 B2C 平台，成效一直较差。2013 年，大龙网调整运营模式，宣布进军跨境 B2B 并做出了相应的业务创新，正式走上了发展的快速道。大龙网作为创新传统 B2B 电子商务模式的先行者，成为跨境电子商务行业的龙头，在运营模式方面有很多创新之处。

1. 建立线下境外展销厅

建立线下境外展销厅，弥补传统跨境 B2B 模式境外客户"无体验"的缺陷。2014 年 10 月 31 日，大龙网在东莞广东现代国际展览中心举办了第一场网贸会"2014OSELL"，来自世界各地超过 3 000 家采购商和中国制造商在场馆内就各种展览产品进行沟通交流。会议形成订单 1 547 条，交易总额超过 1.5 亿元，其中线上交易额超过 5 000 万元。

随后，大龙网将此次国内网贸会的成功做法复制到了境外，于2015年在巴林设立了首家境外展销体验馆。大龙网首先在重庆大足招商，与重庆德之易商贸公司、杰力来等大足"千年五金"代表企业签约，获得了产品的供应商，然后通过大龙网在巴林的线下合作伙伴——全球网贸会在当地设立中国商品展销馆。巴林的经销商通过该线下体验馆可以直观地了解我国所提供的五金产品，以此争取该国经销商的信任，促成贸易的达成。通过在巴林开设线下体验馆，2015年中国对巴林的五金出口贸易额同比增长50%，由巴林五金进口国第四位跃居到第二位。

截至2018年，大龙网已在俄罗斯、波兰、越南、迪拜、印度、加拿大等20多个国家（地区）建立了精品展销馆。境外体验馆的建立告别了跨境电子商务传统B2B模式中"只看图无真品"的时代，在缩短跨境贸易产业链中间环节的同时，也拓展了境外市场的销售渠道和网络。

2. 设计跨境贸易商务社交App——约商App

大龙网通过将50多家物流渠道商、70多种支付方式，以及各种语言服务商、品牌供应商等整合到约商App，使得贸易支付、物流、售后服务全部在线化，降低了传统跨境B2B模式多环节线下交易的高昂成本。约商App的最大亮点在于为在线会员提供了完善的供需匹配系统和商务社交系统。境外采购商可通过App的首页展示自己的采购需求，与此同时，中国供应商可通过"摇一摇"供需配对（见图9-4）。例如，美国的医药采购商想采购中国某种类的药品，只需要在该App上发布采购信息，而中国供应商填写该产品的完整资料，系统会自动匹配需求所相适的供应商。另外，约商App提供71种语言的自动翻译，并引入人工实时翻译，满足随时随地的交流沟通，增进了客户之间的了解。

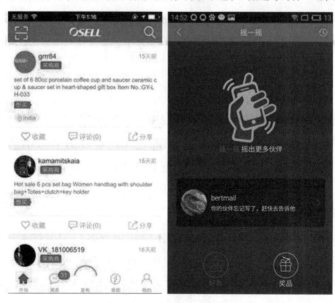

图9-4 | 大龙网约商App"摇一摇"

借助约商 App,供应商只需将样品寄送到约商，经过约商产品质量审核后，即可获得送至各地海外仓，并在约商 App 平台展示的"资质"。与此同时，境外采购商则通过约商 App 预览样品并申请领样，申请成功后由海外仓直接发货，采购商收货后在自己店铺进行试销，并可完成试销报告反馈给供应商。在这期间，双方还能进行自主沟通，促成后续订单，供应商也可以根据自己产品的境外销售情况，及时调整产品策略和出口策略。

传统条件下，中小制造企业尝试走出去都会面临这样的困境——对未知市场风险的恐惧，对未知客户需求的把控，对渠道成本的控制。这些束缚了大多数中小企业走出去的步伐。但是约商的全球样品中心则把海外仓搬到"云上"，通过在移动端建立看样、领样、试销、反馈的机制，让供应商能够收到境外需求端的调研报告，降低探索未知市场的风险，有的放矢地调整产品策略及出口策略，甚至直接对接境外采购商，开拓境外客户。

3. 搭建"云库房、海外仓、公共监管仓"一站式的物流服务体系

物流问题一直是困扰跨境电子商务的难题之一。以中俄贸易为例，从深圳发出的货物需经 40 多天才能到达俄罗斯，甚至从黑龙江发货也需一个星期以上。为了满足境外买家对国际物流递送时间要求的不断提高，早在 2011 年大龙网就在深圳设立了第一座云库房，并在俄罗斯设立了第一个海外仓。大龙网通过从境内云库房集货，在公共监管仓通关，经海外仓递送到客户手中，打造了全新的物流体系，在为境内提供"绿色通道"的同时，也解决了境外采购商"最后一公里"的问题。根据大龙网物流统计数据，以前商业快递的平均时间是 10 天，邮政类包裹的平均时间超过 30 天，有的甚至超过 3 个月，但在建立海外仓后，物流时间只需 3 ~ 5 天。

2018 年以来，大龙网开始着手开发"云库房"的自主研发系统，以达到流水线智能管理，确保商品妥善保存、精准配发的目的。目前，其自主开发的订单管理系统、仓储配送系统，高质量的包装流程和严格的发货管理制度，能实时跟踪订单处理的进度和订单产品的动态。高效率的配送方式还有助于平台合作供应商赢得更多买家的信赖，提升买家满意度，从而使供应商获得更多订单，实现平台、供应商合作共赢。

4. 打造全球化的本土销售服务体系

大龙网通过境外企业加盟及境外本土化企业收购，打造全球化的本土销售服务体系。大龙网的境外本土化渠道网络覆盖"一带一路"沿线国家，其通过线下境外本土化团队的加盟合作及境外本土化企业收购的方式，使自身的"渠道通"（大龙网帮助中国企业打通境外渠道的平台）更加本土化。

境外收购本土企业，是大龙网跨境 B2B 的一大创新。大龙网相继收购了迪拜的 ENET、沙特阿拉伯的埃布尔麦、马来西亚的本土化公司 G-Connect。在马来西亚，大龙网通过手机端和 PC 端搭建线上店铺，同时进行马来西亚本土高端资源的渠道配合，由马来西亚本土运营团队提供订单后续服务、售后服务。2018 年，大龙网在马来西亚的渠道布局已经覆盖近 100 家银行、近 15 家大学、50 家酒店。这种收购境外本土企业的方式，有利于

更快速且更有主动权地拓展境外本土销售网络，并有利于快速扩大中国品牌境外知名度。

大龙网将通过这些境外实力企业已有的成熟渠道网络，进行境外市场布局，并为中国供应商提供链接沙特阿拉伯、迪拜和马来西亚的渠道商配套服务、跨境电子商务落地解决方案和设施，输送境内优秀供应链资源，让中国制造企业轻松拥有境外千万渠道资源。

9.3.3　大龙网的成功经验

大龙网致力于从境内境外两个层面出发，内外携手共同帮助境内企业寻找境外商机。除了境内团队出海，努力把中国成功的电商模式带到"一带一路"沿线国家，境内"龙工场"项目也是大龙网发展的一个特色。

（1）境外层面：为帮助境内各企业走出去，2019年年初，大龙网各境外本土化服务中心整合的一批来自境外的市场渠道与订单，已完成与成都、武汉、菏泽、沛县等产业带的对接。在各地政府的大力支持和产业带企业的踊跃参与下，此次大龙网的采购渠道深入产业基地，走进源头工厂，签约外贸订单，助推出口贸易。

作为目前境内最大的跨境电子商务B2B商机与服务撮合平台，大龙网通过颠覆贸易行业传统思维和模式，以跨境数字贸易产业驱动为核心，以境外渠道整合为动力，将数字技术与实体经济深度结合，通过多维聚合生态服务体系为境内各产业带地区打造跨境产业生态系统，建立产业带城市与国际的合作与交流，推动本地制造与国际市场的互联互通，帮助产业带企业更便捷地走出去。

（2）境内层面：推动我国南、西、北部3个地区的"龙工场"建设。在南部地区，大龙网与珠海港控股集团有限公司等合作伙伴签署合作协议，推动珠海自主品牌产品出口，加大力度开拓"一带一路"沿线国家市场，促进珠海市与"一带一路"国家全方位、多层次的经贸合作交流。在西部地区，围绕重庆大本营，大龙网在周边省市进行深度开发，聚集周边产业形成出海优势。2019年3月，贵州铜仁大龙经济开发区与大龙网就能促进当地传统产业转型升级的跨境电子商务产业园项目，签署正式的合作协议，帮助本地企业走出电商化、数据化的第一步。在北部地区，2019年4月，大龙网与巴彦绿业实业有限公司在临河举行签约仪式，双方携手共建塞上对外合作新门户——中国蒙西数字贸易港。根据协议，中国蒙西数字贸易港将以当地农业产业优势为支撑，通过探索跨境电商新业态推动产业升级和供给侧改革，挖掘经济发展新动能。

思考：

1. 大龙网的运营模式有哪些创新之处？
2. 大龙网对跨境电子商务企业有何启示？

9.4　拓展案例

全球速卖通：中国最大的出口B2C电子商务平台

1. 全球速卖通基本情况

全球速卖通（简称速卖通）是阿里巴巴旗下面向跨境电子商务打造的在线交易平台。速卖通依托丰富的淘宝商品资源。淘宝平台的淘代购功能方便卖家将淘宝商品一键卖向全球，为卖家提供一站式商品翻译、上架和物流等服务。

2009 年 9 月 9 日，全球速卖通平台上线，2010 年 3 月全面开放，商品种类包含首饰、数码商品、服饰、化妆品、工艺品、体育与旅游用品等品类，成立之初以 C2C 模式运营，凭借阿里巴巴的知名度，以及各大洲相关联盟站点和谷歌的线上推广等渠道，速卖通源源不断引入优质流量。经过若干年的迅猛发展，速卖通已覆盖多个国家和地区，让中小企业能以快速出口和小批量的方式参与国际贸易。速卖通于 2015 年 12 月 7 日宣布更新平台入驻门槛新规，从跨境 C2C 模式转型成跨境 B2C 模式，根据国家对跨境电子商务政策的新规陆续对一些商品类目征收技术服务费和年费。2016 年速卖通提高了平台入驻要求，对全类目征收技术服务费和年费，并制定相应的年费返还制度。卖家成功完成交易后需要缴纳佣金。此外，速卖通还提供增值服务，例如直通车和形象模板等，并根据不同服务收取费用。

从 2010 年全面开放到 2016 年，速卖通每年成交额增长率至少 3 倍，在线商品数量数以亿计，平台卖家超过 20 万，注册账号近 200 万。2017 年 4 月速卖通买家突破 1 亿。2018 年速卖通累计成交客户突破 1.5 亿，全球范围内每月访问速卖通的买家超过 2 亿。2018 年"双 11"，速卖通还为全球用户配备了 13 种语言翻译，基本能覆盖全球所有地区。除了翻译和语言优化外，速卖通还对俄罗斯、西班牙、法国、美国、波兰、乌克兰等以往"双 11"表现较好的国家和地区进行差异化运营。经过近 10 年的发展，全球速卖通已经成为全球最大的跨境交易平台之一。

2. 全球速卖通的交易流程

在速卖通上进行商品交易的流程明确：卖家注册认证、完成开店考试、发布商品、商品通过审核并成功上线，买家搜索商品并进行比较，与卖家在线沟通后下单，确认交易详情，买家付款，速卖通平台审核款项，卖家准时发货，买家按时收货，最后卖家再收款。

速卖通实行物贸一体化，物贸一体化服务是针对不同类型的订单为买卖双方提供的外贸代理的一站式物流、贸易等的服务，通过集约化操作，达到降低成本、促成交易的目的。其优势在于：价格透明统一，成本可控；线上操作，步骤简明易懂；实时跟踪，安全保障。这种服务使得从贸易开始支付到物流交货的全程信息可控，涉及的信息流、资金流等均能得到较明确的观测和把握，降低了成本、节约了时间，有望实现贸易的利益最大化。

3. 全球速卖通的支付手段

在支付问题上，全球速卖通平台支持 Visa、Master Card 等信用卡支付或者第三方公司支付，如图 9-5 所示。买家不确认收货的情况下，系统会按照收货超时时间，核对物流是否投递之后放款，卖家同样可以收到货款。卖家一般可以在交易完成后最多 5 个工作日内收到货款。由于全球速卖通覆盖多达 220 多个国家和地区，所以在面向全球市场的买家时，需要考虑不同地区买家习惯的支付方式不同，速卖通按照实际市场情况分类设计并且选择了相应的支付方式，全球范围内的买家可以根据自己的习惯，在多种支付方式中自由选择。

图9-5｜全球速卖通的支付手段

▍ 思考：

1. 全球速卖通的交易流程有何特色？
2. 全球速卖通为什么能成为中国最大的出口 B2C 电商平台之一？

本章总结

本章主要介绍了跨境电子商务的含义和发展历程、跨境电子商务的分类以及跨境电子商务企业的运营模式，具体分析了进口跨境电子商务典型案例和出口跨境电子商务典型企业，了解了天猫国际、大龙网和全球速卖通等典型跨境电子商务企业的主要业务和运营特点。

通过本章的学习，我们不仅要认识到跨境电子商务对外贸转型升级和国内企业步入国际市场的正面影响，同时也要清醒地认识到跨境电子商务牵涉境内外经济、政治、法律、文化、历史传统和地理风俗等诸多问题。因此，我们必须具备互联网思维，从经济社会发展大局出发，从解决跨境电子商务瓶颈问题入手，把握跨境电子商务的商业模式，迎接跨境电子商务的下一轮风口。

课后练习

1. 跨境电子商务平台运营的主要环节有哪些？
2. 中小企业怎么灵活运用跨境电子商务发展国际业务？
3. 列举你熟悉的跨境电子商务企业，谈谈他们的运营模式。

第10章

农村电子商务案例分析

本章学习目标

◆ 了解农村电子商务的内涵、基本要素与特征
◆ 理解目前几种主要的农村电子商务发展路径
◆ 学会分析农村电子商务的关键因素和发展前景

10.1　基本知识点

2009年以来，随着"淘宝村"的诞生，农村电子商务开始作为一种新的商业业态逐渐成型、扩散与发展起来。以"淘宝村"为代表的农村电子商务促进了行业的繁荣。阿里研究院的数据显示，2018年全国"淘宝村"网上商店的年销售额突破2 200亿元，占全国农村零售额的10%以上。农村电子商务得到了政府、行业、社会的广泛关注。

10.1.1　农村电子商务的内涵

1. 农村电子商务的概念

农村电子商务一般是指农村居民的生产、货物流通、消费和信息互联网技术结合的产物。一方面，农村电子商务可以让农村居民拥有互联网购物的便利性，促进工业品、生活必需品以及农业生产资料下乡，减少流通的环节，节省空间、时间的成本；另一方面，农村电子商务带来更多的农产品、乡下旅游等市场，依托互联网技术的资源整合能力，引导农村产业的发展并降低流通费用，使农民从中获利。农村电子商务有4个基本要素，分别是信息流、资金流、物流及安全等，如图10-1所示。

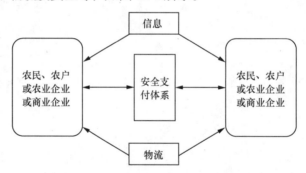

图10-1｜农村电子商务基本要素

2. 农村电子商务的特征

农村电子商务是不断变换的电商创新活动。大多数地区的农村电子商务都是在农民的试探性动作下发展起来的，是自下而上的自发性的行为，参与者的积极性很高，市场化意识强，主体的身份逐步市场化。农村电子商务的特征如下。

（1）与传统的公司发展模式不同，农村电子商务发展的特点是集群效应明显，发展的结果不是单一的公司壮大，而是整个村、镇的集群效应。在农村，往往是一两个主体先尝试，成功之后，被不断地仿制和传播，这既有背靠共同的区位优势的原因，也与中国农村特有的文化、传统有关，信息极易扩散。这种密集的同质性商务活动的集中，一方面会引发一定的竞争，另一方面也极易形成共同的联盟和完整的产业链条。

（2）与城镇的电子商务相比，无论从知识素质、信息的对称性，还是对市场的认识程度上来说，农村电子商务均不占优势，但是他们的最大优势就是区域性集聚。因此，区域性和起点低的产品是农村电子商务的特色。电子商务与互联网结合，满足不同层次的需求，能够创造巨大的效益。

10.1.2　农村电子商务发展的难点

1. 物流仓储管理

物流仓储管理是电子商务中不可或缺的一部分。正是四通八达的物流渠道，给客户带来了快捷方便，促进了订单量；订单量的增加又推动了物流服务的进一步升级，由此便形成了良性循环。在农村，县到乡、乡到村的物流严重缺失，城里的工业品无法抵达村，农村的特产也很难上行到城镇。因为物流成本过高，所以交易量小，利润不足；因为没有足够的利润，所以平台没有多余的资金去整合物流，提高效率。由此，便形成了恶性循环：物流越差，电子商务越发展不起来；电子商务越发展不起来，物流就越不会有改观。

2. 电子商务基础设施

近年来，农村回乡创业的人数持续增长，农村电子商务已成为回乡创业者的重要选择。城市和乡镇的互联网普及率持续升高，但城市和乡镇的差距仍然较大。在互联网普及率方面，农村互联网普及率上升至34.0%，但仍低于城镇的35.4%；在互联网应用层方面，城乡网民在即时通信使用率方面差异最小，在2个百分点左右，但商务交易、支付、新闻信息等应用使用率却大有不同。

与城市相比，农村电子商务的基础设施建设不够完善，导致商品配送困难；电力设施和网络相关设施建设不足，导致农村网络覆盖率低，网络使用率低，电子商务发展有限。目前，我国农村网络覆盖率、使用率较低主要原因是农村安装网络成本高、难度大、回报率低，导致农村网络信息建设不足。在信息的基础设施软件方面，农村的信息联络站等较少，信息流通不够快捷。此外，由于与农村电子商务合作的商业银行网点数量有限，农村地区网上支付的发展也受到限制。

10.1.3　农村电子商务的进一步发展方向

1. 完善物流体系

在物流配送建设上，电子商务企业必须积极有效地整合物流资源，实现物流与电子商务的无缝连接，全面提高电子商务产品的销售服务范围。同样，物流公司也应响应电子商务的需求，合理有效地引进和使用现代化物流技术和设备，以契合电子商务发展中信息化水平、物流配送体系的需求。因此，应建立完善健全的物流体系，建立农产品物流配送中心；积极引进第三方物流，如加强与顺丰速运、圆通等快递企业的合作，提高物流专业化程度。同时，鼓励电商企业开发自成一体的物流体系。

2. 加强品牌建设

品牌建设不是一朝一夕就能完成的，它是一个可持续、立体化的工程。先是要通过行业协会及地方政府相关部门，以新闻媒体宣传的形式塑造产品可信度。在农产品自身名气建立起来之后，一定要采取相应的帮助和支持。一旦品牌成熟或市场份额很高，市场上就会有很多仿制品。品牌的成立是一个长期的困难过程，所以必须加强对品牌的保护，不要让假冒伪劣的商品对品牌造成损害。因此，品牌可以通过注册商标、申请专利等方式，让其在法律层面受到保护。此外，还可以通过特定的渠道标记产品的真实性来验证产品的真假，也可以通过定期更新包装、扫描二维码甚至建立产品的可溯源系统来进行认证。

3. 完善基础设施

农村的发展离不开政府的引导，农村电子商务亦是如此。一方面，当加强交通设施建设，提高农村交通便利性，尽快解决"最后一公里"配送的问题；另一方面，在电力设施和网络基础设施方面，应扩大农村网络覆盖范围，增加农村网络使用率，完善农村在信息基础方面的相关建设。

10.2 "临安"模式：典型的县域电子商务

10.2.1 临安概况

临安位于浙江省西北部，2017 年，临安撤市设区，成为杭州市辖区。临安地处太湖和钱塘江两大水系源头，森林覆盖率达 76.55%，拥有国家级自然保护区殊荣。临安的特产中，最有名的就是山核桃，临安的山核桃产业有 500 多年的历史。临安区山核桃种植面积已超过了 60 万亩，是全国最大的山核桃加工销售的集散地，被中国经济林协会授予"中国山核桃之都"的称号。

近年来，临安依托优良的生态自然资源及优越的区位条件，凭借优质的农特产品，以"互联网＋农业"的发展思路培育农村经济新"蓝海"，促进了农业农村经济的持续健康发展。临安结合农村发展趋势，积极推动电子商务发展。截至目前，共有电子商务企业28 家，其中亿元企业 3 家，全区拥有农村淘宝网店 3 000 余家，65% 的山核桃通过农村电子商务销售，形成了以山核桃坚果产品为主导，坚果炒货经济为支撑，竹笋、天目小香薯、香榧等临安特色农产品为补充的产业体系。2017 年，全区实现农产品网销额 35 亿元，同比增长 26.9%，全区网络零售额达 49.18 亿元，增幅 25.78%；2018 年 1 月到 9 月，实现网销额 38.2 亿元，同比增长 38.5%。

10.2.2 临安农村电子商务发展历程

1. 萌芽期（2006—2008年）

2006—2008 年为第一阶段。依托传统的山核桃产业，一批嗅觉敏锐的个体商自发"触网"，将本地滞销的山核桃放在网上销售，并带动周边人群，组成一股"草根"创业力量。这一阶段主要是市场引导、农民自发，效仿发展。

2. 发展期（2009—2012年）

2009—2012 年为第二阶段。山核桃等坚果炒货（见图 10-2）网销额的激增开始引发政府部门的关注。为提高电子商务产业的集聚效应，2012 年 5 月，临安打造了集电子商务服务、培训交流、物流配送等于一体的电子商务产业园，并成立了临安电子商务协会，对接外部资源，加强企业间的互通。同年，龙岗坚果炒货食品园开建，形成了山核桃等坚果炒货的收购、加工、仓储和物流集聚区，随之坚果炒货协会的成立，对规范行业、扩大影响力起到了重要的作用。而与园区配套的电子商务专业村沿杭徽高速、各省道开始布局。由此，电子商务产业园、龙岗坚果炒货食品园、电子商务专业村分工协作、配套发展的格局初步形成。

图10-2｜临安山核桃京东货架

3. 拓展期（2013年至今）

2013 年以来为第三阶段。鉴于临安电子商务的良好发展势头和日益扩大的影响力，2013 年起，临安市委市政府正式介入临安电子商务的发展。一是加强政策引导与扶持，编制电子商务发展规划，谋划全市电子商务产业布局；出台一系列优惠扶持政策；安排财政专项资金，重点扶持电子商务主体培育、平台建设、公共服务、培训交流等工作。二是加快电子商务产业基础设施建设：扩建电子商务园区、成立电子商务公共服务中心、加快推进"光网城市"建设。三是引进第三方电子商务服务商，搭建阿里巴巴临安坚果炒货产业带、淘宝•特色中国日临安馆、微临安三大线上平台，提供细分化的电子商务运营配套公共服务。四是夯实电子商务人才基础，加强政校合作，共建电子商务人才培养机制，整合各类人才培训资源，弥补农村电子商务发展人才短板。

10.2.3　临安农村电子商务发展现状

2016—2018 年，临安的农村电子商务呈现良好发展趋势，销售规模不断壮大，电子商务平台逐渐多元，经营比较稳定，配套设施日趋完善，总体发展势头良好。

2016 年，临安农村电子商务实现网销额 30 亿元。勤耕、兴农等 31 家网销额超过 500 万元的企业实现网销额 10.57 亿元，电子商务企业逐步向规模化、品牌化发展。从淘宝村的角度来看，2016 年白牛村实现网销额 3.5 亿元，月均网销额约达 2 900 万元，年销售额 500 万元以上的农户共有 12 家，其中销售额 3 000 万元以上的有 1 家，不足 3 000 万元、2 000 万元以上的有 3 家，不足 2 000 万、1 000 万元以上的有 2 家。12 家电子商务大户网销额累计达 2.5 亿元，占全村网销总额的 71%。

2017 年，"双 11"当天，临安农产品电子商务销售超亿元。作为首批中国淘宝村的白牛村在"双 11"全天，销售额共计 1 200 万元，与去年持平。临安农产品电子商务龙头企业新农哥一天线上销售额达 1 200 万元，共计发出 13 万个包裹，并且完成 70% 的订单。在天猫"双 11"食品类排行榜上，新农哥排到了 27 位。秋滋叶、汪记两个坚果类电子商务企业销售额分别达 380 万元和 200 万元，临安邮乐购平台实现销售 235 万元。已经在临安投资设厂的知名电子商务企业良品铺子，在"双 11"天猫销售额就达 2 亿元，摘得天猫食品类排行榜季军的位置，其坚果类产品销售 4 860 万，而临安是良品铺子最重要的坚果加工和供货基地。而临安近年崛起的新贵康梦电子商务，其首次参与"双 11"活动，在拼多多平台即实现单品 200 万营业额，产生 8 万个包裹，在拼多多平台坚果类目销量位居第一，食品类目位居第二。

2018 年，白牛村"双 11"全天销售额共计 1 620 万元，再创新高，同比增长 35%，其中逸口香、盛记、山里福娃均突破 200 万。农产品电子商务龙头企业新农哥一天线上销售额达 1 100 万元，共计发出 10 万多个包裹，且完成 90% 的订单。秋滋叶、汪记两坚果类电子商务企业也都取得了不俗的成绩，分别销售 428 万元和 289 万元，增幅达到 12.6% 和 44.5%。良品铺子在"双 11"天猫销售额达到 4 亿元，同比增长 200%。康梦电子商务在拼多多平台实现单品 200 万营业额，产生 10 万个包裹。

临安立足特色农产品方面的资源优势，形成以山核桃、竹笋、天目小香薯等为特色的农产品电子商务产业体系。构筑"两镇一园多区"线下平台，即龙岗坚果乐园小镇、白牛电子商务小镇、临安电子商务产业园，以及多个以镇街为主体建设的电子商务集聚区等。临安不断做强做大电子商务主体，扩大品牌效应，截至 2018 年年底，已成功培育全国淘宝村 22 个、淘宝镇 6 个，行政村农村电子商务覆盖率达 90% 以上。同时，临安与高校、电子商务服务机构合作，强化人才培育，组织培训活动超 1 000 余场，3 万人次参加，带动 1.5 万余人就业。

10.2.4 临安农村电子商务成功经验

临安已经走出了一条以区域品牌农产品为重点、覆盖三次产业领域的电子商务之路，形成了政府、协会、服务商、各类经营主体联动的电子商务生态体系。通过对临安电子商务发展历程的梳理，可以发现，临安电子商务的兴起与发展主要得益于以下几个方面：第一，临安具备高森林覆盖率的优越自然资源；第二，临时拥有依托杭徽高速为主线的交通布局，以及覆盖至乡村的通信网络，使得电子商务发展的基础设施较为完备；第三，临安是全国最大的山核桃产区和重要的坚果加工集散地，电子商务发展具备扎实的产业基础；第四，山核桃等坚果炒货具有保质期长、耐储存、不易碎等优点，产品特性适合开展网络销售；第五，富有创业热情与创新精神的个体网商、企业等经营主体为临安电子商务发展注入了活力；第六，后期，政府的顺势介入、服务商的引进、行业协会的成立，彼此之间相互联动，形成了良好的政策环境，如图 10-3 所示。

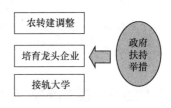

图10-3 | 政府扶持电子
商务发展举措

以上六个方面构成了临安电子商务发展的关键要素，其中自然条件、基础设施和产品特性是萌芽期发展的必备前提，产业基础和活跃的经营主体使得电子商务具有蓬勃发展的可能性，而政策环境助力电子商务进入高速发展的扩张期。

▌思考：

1. 临安农村电子商务有何特色？
2. 临安模式对其他农村发展电子商务有何启示？

10.3 "遂昌"模式：农产品电子商务案例

10.3.1 遂昌农产品电子商务概况

遂昌地处浙江西南，是浙江的生态示范区和革命老区，以毛竹资源丰富而著称。这里是浙南林海，山清水秀，物华天宝。有人说遂昌大米好，因为是原生态、没有施化肥；有人说遂昌猪肉、牛肉、鸡肉香甜，因为动物都是吃谷物长大的。可以说，原生态在这里体现得淋漓尽致，原生态的遂昌也因此吸引了国内外众多的游客来此旅游参观。遂昌物产丰富，环境优美。产自遂昌的名优特产，大部分为绿色食品，龙谷丽人茶、三井毛峰茶、遂昌菊米、遂昌竹炭、遂昌黑陶、黄米果、青糕等产品畅销国内外。

遂昌农村电子商务起步于草根创业，2005 年由一群年轻人率先发起，从网上销售本地产的竹炭、山茶油等农特产品。2010 年，遂昌网店协会成立，遂昌电子商务进入发展快车道。2013 年 1 月，淘宝网遂昌馆初步形成了以农特产品为特色，多产品协同发展的县域电子商务，被称为"遂昌现象"。在此基础上，同年 5 月，"赶街网"项目启动，"赶街网"的意义在于打通信息化在农村的"最后一公里"，让农村人享受和城市一样的网购便利性与品质生活，让城市人吃上农村放心的农产品，实现城乡一体，使得农村电子商务被全面激活。村民自己吃的农家小吃，包装后变成商品上网销售，遂昌腌萝卜、酱豆腐等小吃从农村传到县里，从县城传到了其他城市，受到了市场的热捧。

目前，仅 5 万多常住人口的遂昌县就有 1 800 多家网商，相关从业人员超过 6 000 人。规模较大的平台，如遂昌"赶街网"已在乡村建立 200 多个"赶街网"电子商务服务站，实现了 200 多个行政村的全面覆盖。

10.3.2　遂昌农产品电子商务的发展

遂昌电子商务已经走过了近十年，这期间，遂昌电子商务纵深发展，有融合发展的态势，整个县城电子商务具有内生动力的生态系统已经慢慢形成。遂昌县从最初做农产品的销售，到工业、旅游业，还涉及农村电子政务服务，横向涵盖了一、二、三产业。在纵向上，不仅是农产品、工业品，很多农户自家生产的萝卜条、梅干菜甚至松针都能放到网络上卖，因为这些东西都是在大城市里无法找到的。

在农村旅游电子商务发展方面，遂昌也有很好的探索，当地电子商务企业因地制宜推出了边游边淘计划，将旅游线路从遂昌向淳安千岛湖、黄山等旅游景点延伸，把遂昌的特产推广出去。遂昌有个村子是农家乐专业村，海拔在 800 米到 900 米，距县城约一个半小时车程。其农家乐发展得很好，通过农户、游客的推广就能得到很好的宣传推广。该农家乐发的推广内容不是房间的住宿条件如何、食物多少好吃、村子景色如何优美，而是客人参与打麻糍、做豆腐等农事体验活动，还有儿童挖地瓜、挖毛芋的场景，以及村子里面整个农产品的生长过程等内容，这才是能吸引游客前来的根本原因。2018 年，该村的农家乐营业额超过 500 万元。

可见，农产品电子商务与旅游结合在一起，能有更好的效益，能使农民真正增收，若一个县地理位置优越，这方面的工作则尤为重要。

目前，遂昌的每个村都有"赶街网"的网点，很多村也建立了微信群，资源共享形成了一个小的生态圈。互联网平台创业的机会多，越来越多的人参与到创业中来。

10.3.3　"遂昌"模式分析

1. 提高农产品质量，加强农产品品牌化

遂昌车前村的白茶被茶商多次采购，并加工成自己的品牌对外销售。此外，他们因地

制宜，把竹笋、高原蔬菜等农产品通过自己的烹饪方式加工成产品，对外销售。如今，光车前村的品牌产品就有近十种，他们定量生产、供不应求，既保护了环境，又富裕了乡村。遂昌农产品电商的发展离不开其建立的一套农产品质量安全追溯体系，如图 10-4 所示。

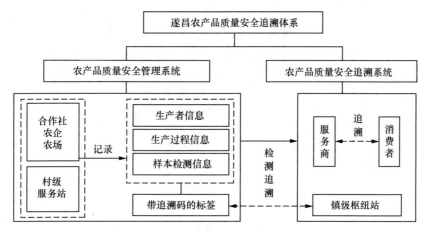

图10-4 | 农产品质量安全追溯体系

2. 专注供应链，建立农产品上行体系

供应链管理是农村电子商务的核心，农产品能不能卖得好，关键不在于销售和价格，而是在于完善的供应链管理体系，如图 10-5 所示。特别是生鲜食品电子商务受制于流通环节，仅靠农民或合作社的力量是无法支撑的。生鲜食品的物流不仅对配送时间有更高要求，更在包装技术、配送温度等方面有着严格的要求。较早进入生鲜农产品电子商务销售的浙江遂网电子商务有限公司就已形成了一套自己的生鲜物流标准体系。这家公司是做服务的平台，即农产品供应链管理。该公司拥有一整套的供应链管理体系，从 2010 年到 2018 年，整个浙江遂网电子商务有限公司加上"赶街网"已经有 500 多名员工。诞生于遂昌农产品电子商务大环境下的"赶街网"是城乡一体化的综合电子商务服务平台，"赶街网"致力于在农村植入、普及、推广电子商务，并以此为核心延伸，提供物流配送等服务。"赶街网"已经在全国 12 个省（区、市）、32 个县设立了服务站点，每个县都有一个运营中心，按照"遂昌模式"的整套流程进行复制。随着浙江遂网电子商务有限公司与"赶街网"公司的合并，服务体系进一步完善，包括消费品下行服务、村里农产品的信息收集服务，以及一些便民服务等一整套的服务体系。

3. 农产品电商公共服务体系

遂昌农产品电商的成功之处是建立了农产品电商的公共服务体系，它通过网店协会、遂网、"赶街网"等这些民间组织、公司的创新创造，把农产品供应链的供应商、网商、服务商，以及政府相关部门与市场、消费者有机地连接在一起，协同发展，供应商、网商、政府组成了针对县域电子商务生态的公共服务体系，遂昌政府积极举办各类论坛活动，营造良好的市场氛围，吸引广大群众参与其中，让人人知电商、学电商。遂昌还举办了中国农产品电子商务高峰论坛，现已成为全省首批电子商务示范县。公共服务体系不是政府在主导和运作，当然，政府在其中扮演了重要的角色，政府必须要介入、参与、扶持，否则公共服务体系无法正常发挥作用。

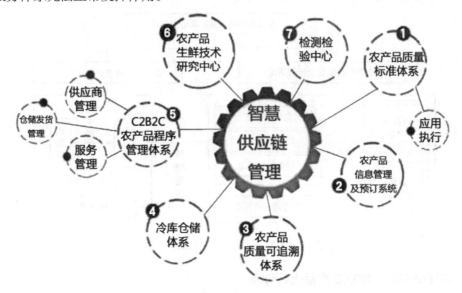

图10-5｜农产品电子商务供应链体系

思考：

1. 遂昌赶街网有什么特别之处？
2. 遂昌模式成功的关键是什么？

10.4　拓展案例

涞源电子商务新模式："农旅电商+扶贫"

2018 年是涞源县脱贫攻坚的关键一年。涞源县作为国家级深度贫困县，围绕脱贫攻坚，制定了脱贫攻坚决战年的若干行动，电子商务扶贫正是重要内容之一。涞源县积极探索"农旅 + 电子商务 + 扶贫"的电子商务发展新模式，着力推进农业、旅游、电子商务的深度融合创新，借助"电子商务进农村综合示范项目"建设的契机，走上"农旅电商 + 扶贫"的新型产业扶贫快车道。

1. 创新思路、整合资源，搭建电子商务扶贫新平台

"农旅电商 + 扶贫"是涞源县结合本地实际，不断更新理念，打造的促进经济发展、服务百姓生活的新模式。涞源县坚持把电子商务扶贫列入精准脱贫攻坚"十三五"计划和脱贫攻坚重点行动，不断更新理念，强化顶层设计，创新运营模式，将电子商务公共服务中心、邮政集团涞源分公司、县电子商务协会、县创业孵化基地、县农业协会、县内大中型农业产业园区、旅游协会、涞源县启航培训学校、各类农产品收购中心、优质农业体验园等优势资源进行整合，组建了涞源县农旅电商联盟，以资源共享、协同发展的合作机制，以电子商务为销售主力渠道，以农业产业与旅游产业协同发展，强力推动现代农业、生态旅游与脱贫攻坚深度融合、联动发展。

联盟开发了统一的"涞源县农旅电子商务网站"作为对外宣传的名片，并聘请了专业的第三方机构进行全网营销，借助互联网和电子商务的强大扩张力，"京西夏都，生态凉城"和"不呼吸雾霾的农产品"迅速在全网进行传播。打造出来了包括北石佛中草药种植基地的"万亩花海"，南屯国家级示范大棚园区的"油桃草莓采摘节"，上庄万亩油杏基地的"牧童湾"旅游区，金家井蒲公英种植基地的"农耕体验园"等一系列农旅融合精品产品。

联盟还建立了统一的形象标识，注册了涞源县县域公共品牌"飞狐源"，全面加强对外的营销展示。加入联盟的农业园区和全域旅游业态都使用统一品牌对外营销，并在涞源县电子商务公共服务中心设立了专门的农旅电子商务展示专区，在涞源县 5A 级景区白石山的游客中心设立了全县"农旅电商"体验馆，强化了线下营销。

加入联盟的园区又和贫困户签订入股协议和收购协议，并且与涞源县本地的扶贫工作队和帮扶单位进行了深度合作，借助各单位的力量打造涞源县"农旅电商扶贫"的产业形象，进一步延长了农旅扶贫产业链条，扩大了涞源县绿色生态产业发展的知名度和影响力。

2. 对接消费、培育品牌，构筑产品上行新体系

涞源县本身是一个旅游大县，年游客量超 150 万，但多年来旅游产品单一，游客消费场景过少，旅客体验不够。涞源县借助"电子商务进农村综合示范县"发展的契机，大力开发了一系列适合电子商务流通的农村优质产品。在全面做好产品梳理、安全追溯、产品认证的基础上，加大了对品牌的培育和工艺提升、包装设计、营销推广等工作，不断推动产品标准化、品牌化、规模化发展，也孵化了一大批带有浓郁地域特色的响亮品牌。"飞狐源"商标已通过专家评审，被确定为涞源县公共区域品牌。保涞福的小驴肉、桃木疙瘩柴鸡蛋、嘴对嘴甜杏仁、大耳黑山猪、山杠爷肉包子都是享誉省市的优质农产品，"涞源核桃"品牌也完成了地标认证。全县农产品溯源系统全面建成，并确定了 4 家企业首批加入溯源系统，有力促进了产品上行对接，满足了消费升级的需要。

3. 推动创业、促进就业，集聚助力脱贫新动能

"农旅电商＋产业扶贫"模式启动以来，电商协会、孵化基地和培训学校持续对联盟内企业、个人、贫困户进行全方位帮扶管理咨询和创业辅导，年累计服务超过 300 人次。截至 2018 年年底，县农旅电子商务联盟企业累计收购农产品 200 多万元，创设就业岗位 62 个，用工 276 人次，其中贫困人口 221 人次，通过入股分红、直接或间接销售农产品

等累计带动贫困户增收超百万元。

　　"农旅电商＋扶贫"的发展新模式为县域实体经济的发展和精准脱贫攻坚提供了优质服务，广大贫困群众自力更生、勤劳致富的内生动力持续增强。

▌思考：

　　1. 农村电子商务应该如何培育品牌？

　　2. 电子商务扶贫的优势体现在哪里？

本章总结

　　目前，农村电子商务在我国尚处在起步阶段，一方面，农村地区的基础设施较薄弱，农村地区的产品市场发育还不够成熟，由于受到传统观念的影响，农村市场发展水平较低，对一些新的商业理念的接受还有一个过程，这一系列问题导致农村电子商务发展困难重重；另一方面，农村具备发展电子商务的动力，在城镇化、促内需战略的双重力量推动下，农村电子商务还有巨大的发展空间。

课后练习

　　1. 列举几个你熟悉的农村电子商务案例，分析一下他们的商业模式。

　　2. 你认为成功的农村电子商务模式有什么特征？

　　3. 普通农户应该如何实现农村电子商务模式的转型？

第11章
电子商务企业创新案例分析

本章学习目标

◆ 了解电子商务企业创新的内涵
◆ 理解电子商务企业的服务创新、营销创新和管理创新
◆ 学会分析电子商务企业的商业模式

11.1 基本知识点

1. 电子商务企业创新的内涵

电子商务企业的创新，广义上是指一切与经营、服务相关的创新行为活动，具体包括服务创新、营销创新、管理创新等；狭义上是指提供服务中的创新行为与活动，包括服务概念创新、买家接触界面创新、服务传递系统创新和技术创新等。电子商务企业的创新贯穿整个电子商务企业的经营活动，创新的方式也多种多样。

2. 电子商务企业的服务创新

电子商务企业的服务创新的内容主要包括以下四个方面。

（1）不断推出新的服务概念，树立以买家为导向的服务理念。电子商务企业提供的各项服务要最大限度地从买家的需要考虑，以满足买家的需求、提高买家满意度为中心设计服务产品、提高效率、降低成本、改善服务质量，为买家提供最大的服务效益，以服务获取竞争优势。

在进行服务概念创新之前，企业必须有详细的竞争对手和对市场的详细的分析与调查，否则创新的概念只能是空中楼阁。企业对网络营销、客户服务咨询、支付与配送、售后服务等各环节中任何一环进行微小的、与竞争对手有差异的服务创新都是不容易的。例如，保障网络交易的安全，消除电子商务交易存在的安全隐患，保证货物准确、及时的到达，防止买家的经济损失等，都需要企业花费巨大的财力和物力。另外，保护买家的隐私，使买家在购买商品时更加安全与放心，这也是企业服务创新必须考虑的问题。

（2）建立客户沟通的新平台。网站界面的设计要创新并完善客户沟通渠道。网站是电子商务企业的"脸面"，让用户更快速、更便捷地浏览电子商务网站提供的产品与信息，放心地完成交易，网站需提供完备的订单系统，轻松地实现多产品的相互比较以及快捷的搜索直达等，同时，网站应能充分利用各种交互媒体与买家进行畅通、快速、及时的沟通，有效地解决客户中存在的问题。除了利用传真、电话、邮件、QQ外，还可以考虑用新媒体平台，无论在电子商务交易的营销推广，还是客户服务阶段，新媒体平台都能够帮助电子商务企业的业务抵达没有被发掘的、潜在客户的层面，并且和已经拥有的客户保持黏性联系。

电子商务企业必须要把传统的沟通渠道与网络渠道有机结合起来，及时获得买家的反馈，并把这些客户信息存放在客户数据库中，利用这些信息进行客户关系管理。这样做不仅可以降低企业客户服务的费用，更能赢得买家的信赖，提高买家忠诚度。

（3）实现新的服务传递系统。电子商务企业服务传递系统的创新，主要是企业的内部组织安排，即通过合适的组织安排、管理和协调，确保企业员工有效地完成工作，并开发和提供创新服务产品。制定标准化、合理化的客户服务流程，譬如客户咨询服务流程、退换货流程、投诉处理流程、恶评和差评处理流程、紧急流程、破损商品补发流程等，这些流程的制定，必须站在客户立场，经过细致的调研，经有效性分析，设立具体的服务步骤和服务流程。企业在变化，市场在变化，方针政策在变化，因此流程不是固定的，而是持续更新的、动态的。此外，电子商务企业要实现服务创新，必须有一个高效合理的客服团队来完成。电子商务企业须经过部门组织架构设计客户服务团队，并经常进行服务人才培训。对电子商务企业而言，员工的能力和素质直接影响企业的服务传递系统效果，服务传递系统要求企业在组织结构和员工管理上创新，使企业的组织结构和员工有能力适应新的产品和服务。

（4）将新技术应用到服务中。基于现代信息与通信技术（ICT）的服务是经济中增长最快的新服务，电子商务企业要利用技术创新提高自己的服务质量，如制作出清晰明了、能吸引潜在买家的销售网站，提供优良的客户咨询网站，移动电子商务的应用等。企业可将可视化搜索技术应用于电子商务网站，提供基于商品图片的搜索，帮买家实现"按图索骥"，找到图片上的相关商品。应用云计算，通过在线租用方式在云平台上提供企业所需要的电子商务服务，可大大降低电子商务企业获得电子商务 IT 能力的成本。随时按需从云平台上获得所需要的订单处理能力、客户分析能力、客户资料存储能力，以及网络带宽、各种端到端的 IT 服务，使得电子商务企业可以专注在提升品牌、控制质量、强化设计、增强用户体验、有效网络营销等最有价值的商业活动中；通过云平台，电子商务企业还可以有效地集成上下游企业，并在此基础之上进行电子商务业务模式的创新。

3. 电子商务企业的营销创新

电子商务企业的营销创新可以从以下几个方面展开。

（1）及时更新营销理念，增强营销创新意识。为顺应时代的发展趋势，更好地利用互联网技术，打造更为优质而高效的电子商务营销模式，就需要摒弃传统的以价格谋利润的旧思想与旧观念，实现营销理念的全面更新，不断增强人员在营销上的创新意识，探索出一种更适合买家的营销模式。互联网时代，买家进行消费活动时，更加注重电子商务产品的个性化、差异化与服务质量。因此，电子商务企业应抓住买家这一心理特征与实际需求，利用网络技术来优化与完善自身的营销手段，结合买家的具体需求，实现个性化定制，以让每位买家都能有美好的购物体验。同时，为实现营销模式的不断创新，为新型营销手段提供条件，电子商务企业领导应高度重视，强化基础设施建设，准备好营销所需的各类设备，配备专业化的营销团队，全面支持个性化营销手段，才能提高营销水平。

（2）全面推行社会化与移动化营销。"互联网＋"时代，新媒体逐步衍生，其为人与人之间的互动提供了重要的沟通平台，实现了沟通的即时性与互动性，这从本质上改变了人们的消费行为。结合人们的基本消费需求与消费行为，企业应重视开展社会化与移动化营销模式，借助手机或数字平台，受众能够与媒体实现即时的互动，能真切而具体地表达自身的观点，能科学地补充与评价新闻中刊发的具体内容。社会化营销的应用，能大大降低成本，且能扩大电子商务营销的影响力，可在最短时间内产生关注性效应。和传统媒体单项营销对比，社会化营销依托微信、微博等多种新媒体平台，使得营销活动呈现社交性与互动性等特点。社会化营销实施前，企业需要对受众实施精准化定位，结合不同媒介中受众群的特性来定制专属的营销手段，及时发布各类互动性话题，从广度、精度与深度三个角度出发，形成完整的社会化营销体系。

（3）打造多渠道、综合性营销模式。互联网时代下，传统的消费模式被颠覆，网络技术的出现，从根本上改变了买家的消费观念。为从不同角度满足买家的需求，应构建多渠道、综合性的营销模式，为买家提供个性化、全方位的服务。对此，其一，应做好品牌的市场化定位，利用好多种媒介平台来进行推广，对每种媒介买家类型、特点进行分析，从而提供完整、统一的营销服务；其二，实施线上线下结合的双重营销模式，线上销售、线下体验。与此同时，企业应打造专属的电子商务网站，设置多种销售模块，买家可自行选择营销方法，让整个营销模式变得灵活与人性化。

4. 电子商务企业的管理创新

（1）供应链管理。随着现代信息技术的发展，市场竞争更加的激烈，在竞争方式上逐渐呈现出更多的变化，市场竞争不再是传统形式的销售竞争，而是整个供应链条中每一个环节的竞争。传统的供应链管理可以在一定的程度上完善供应、生产、销售、协调以及库存等环节，不过产生的费用较高，不能满足于现代企业所提出的要求，同时，在面对新的需求形势时的灵活性较差，预测也不够准确。因此，一些小型企业没有能力将传统的供应链管理运用好，制约了自身的健康发展。而电子商务能够实现对网络交易的管理，同时掌握更为全面的供应信息，使得供应不足等方面的风险大幅度降低。利用电子商务，企业能够在较短的时间内完成进货以及供应等服务，不但减少了库存，还能降低企业的生产运营成本。

（2）生产流程管理。目前国内大多数企业依然在利用传统形式的直线式生产方式，这样不但生产效率低下，而且经常会导致各种各样错误的出现。电子商务能够通过网络技术将各个生产环节联系到一起，让各个环节实现同步进行，大幅度提升生产效率，使得企业在生产流程的管理以及质量管理工作当中形成创新，对于企业的转型和改革十分有利。电子商务企业可灵活处理，适应不同类型客户所提出的各种需求，提升客户满意程度。

（3）库存管理。电子商务企业利用电子商务将产品信息等相关工作整合起来构建数据库，管理人员通过数据库对企业当下的库存做出实时的掌握。在库存不足的时候，企业可在第一时间实现跟供应商之间的沟通，给生产效率以及企业的信誉提供保障。电子商务企业经过一段时间的发展逐步成熟之后，可以将企业的库存降低，让生产和销售高度统一。

（4）财务管理。随着现代信息技术快速的发展，电子商务企业内部的财务管理工作呈现出了更高的效率，传统形式的财务管理工作很难符合目前的工作需求。电子商务使得财务管理工作更加的简单，各种单据和合同等资料都能够采用电子版，不会再因为纸质版携带不够方便而造成麻烦。

11.2 携程旅行网：旅游电子商务企业的创新

11.2.1 旅游行业概况

中国旅游电子商务创新发展与国家宏观环境的进一步优化完善是离不开的。从发展环境来看，中国旅游电子商务在体制、法律、政策、支付条件、物流、信息化基础等方面都在逐步改善。随着旅游业越来越受到国家重视，政府也把旅游业转型升级和信息化作为重要目标，旅游电子商务发展将获得更有利的宏观环境。

新技术和新的服务方式已经给旅游行业带来了革命性变化，产品和服务更加多样化。携程作为业内领先企业，在不断对业务进行扩张的同时，也开始对客户进行更为细致的分析，包括对商业智能（BI）进行深入研究，并进一步开发大规模菜单式的群分化服务等。

11.2.2 携程旅行网介绍

携程旅行网创立于 1999 年，是中国领先的旅游电子商务网站和领先的集宾馆预订、机票预订、度假产品预订、旅游信息查询及特惠商户服务为一体的综合性旅行服务公司，产品覆盖中国绝大多数城市及海外主要商务城市。在酒店预订方面，携程旅行网拥有中国领先的酒店预订服务中心，为会员提供即时预订服务，合作酒店超过 32 000 家，遍布全球 138 个国家和地区。在机票预订方面，携程旅行网覆盖国内外所有航线，并在大部分大中城市提供免费送机票服务。2017 年，携程旅行网位列"中国互联网企业 100 强"榜单第九位。2018 年 10 月，《财富》未来公司 50 强排行榜发布，携程旅行网排名第四。

1. 商业模式

携程旅行网通过专业化经营建立旅游网上百货超市，通过整合旅游信息创新旅游价值链，采用立体营销方式增强品牌影响力，用制造业的标准做高品质的旅游服务。携程旅行网的商业模式集中反映了互联网平台与传统旅游企业资源的结合，其商业模式的构建只有与旅游市场同步发展，才能最大限度地发挥其优化作用。

携程旅行网在运行过程中时刻本着"利用高效的互联网技术和先进电子资讯手段，为会员提供快捷灵活、优质优惠、体贴周到又充满个性化的旅行服务，从而成为优秀的商务及自助旅行服务机构"的原则，不断挑战自我，借助前瞻性的思考和持续性的创新通过推陈出新的产品、服务和技术手段在日新月异的互联网时代更好地满足日益多样化的客户需求。

2. 盈利模式

酒店、机票预订是携程旅行网的主营业务，同时携程旅行网还将酒店与机票预订整合成自助游和商务旅游产品，对商务旅游客户提供商务咨询等相应服务。携程旅行网的利润来源主要有四个方面：酒店预订代理费，基本上是从酒店的盈利折扣返还中获取的；机票预订代理费，从买家的订票费中获取，即买家订票费与航空公司出票价格的差价；自助游中的酒店、机票预订代理费以及保险代理费，这部分收入也采用了盈利折扣返还和差价两种方式；附加服务费，携程网利用所掌握的旅游资源提供更多具备更高附加值的服务，如自助度假业务就将机票和酒店业务整合在一起，以获得更高的利润。

3. 技术模式

携程旅行网一直将技术视为企业的活力源泉，在提升研发能力方面不遗余力。携程旅行网建立了一整套现代化的服务系统，包括客户管理系统、房量管理系统、呼叫排队系统、订单处理系统、机票预订系统、服务质量监控系统等。依靠这些先进的服务和管理系统，携程旅行网可为会员提供更加便捷和高效的服务。

总体来说，携程旅行网整体技术模式较为先进，它不仅采用国际高端软件硬件产品，保证整个系统的正常运行，还针对自身业务范围、运营特色进行设计，开发出独特的应用系统。鉴于酒店预订、机票预订及旅游项目等业务在技术实现过程中集中表现在信息的发布和双向互动沟通上，所以，携程旅行网从技术手段上来讲主要侧重于以下几个方面：服务的先进性、高度互动性；信息传播的安全性、正确性；业务的信息化、数据化；交流的多样性、合作性。

▍11.2.3　携程旅行网的创新之处

以携程旅行网为代表的在线旅游服务企业异军突起，日渐成熟，并在预订服务、旅游产品、服务管理、营销模式等方面实现了创新，为中国旅游电子商务的长期持续发展提供了重要参考。

1. 机票预订服务的创新

携程旅行网在酒店、机票预订方面采取了不少的创新举措。针对旅游产业存在信息不对称等情况，以携程旅行网为代表的旅游电子商务企业普遍开始利用先进的网络系统解决这一问题。同时，携程旅行网于 2002 年设计和开发了一个新的全国性的机票预订平台，解决了异地操作和配送管理的问题。随后，携程旅行网着手开发了"异地出票"模式，成为旅游电子商务的一个重要创新。特别是电子机票的全面推行，加速了机票代理行业的分化，更让互联网和电话预订成为最为便捷的机票预订方式。

2. 酒店合作模式的创新

之前由于旅游电子商务盈利模式的不确定，导致大量旅游在线网站集中在资讯的提供上。而携程旅行网自从兼并、收购了机票、酒店的预订中心以后，其主要利润来源于宾馆、机票等的预订业务。预订业务每成交一笔，携程能从中获得 3% ~ 5% 的佣金。

携程旅行网在业内首创酒店预订"前台现付"模式。在全球范围内，绝大多数的预订网站，如 Travelocity 还都是用预付的方式和酒店合作。而携程旅行网推出"前台现付"这种全新酒店预订合作模式后，立刻受到了买家和酒店方的欢迎。目前，这种模式已经成为国内在线酒店预订服务的主要模式。

3. 度假旅游产品的创新

度假旅游产品方面的创新主要体现在自由行和团队游两个方面。

第一，受到国际流行的自助旅游方式的影响，同时随着国人经济条件的日益改善，人们对休闲的需求日盛，加之一些买家也具备了一定的旅行经验，这无疑为中国自助旅游的发展提供了客观条件。在此背景下，携程旅行网推出了自由行产品。作为一种时尚的旅游方式，携程旅行网自由行以"张扬个性、亲近自然、放松身心"为目标，是一种游客完全自主选择和安排旅游活动，且没有全程导游陪同的旅游方式，开创了中国旅游市场的一种新模式。2017 年以后，携程旅行网把创新的重点转到"行中服务"，携程旅行网在 App 升级"微领队"，启动"全球旅行 SOS"，上线"全球当地向导平台"，开发线下社交服务"旅途聚会"。这一系列的创新动作，成功打造了针对自由行旅客的行中服务平台。

第二，2012 年，携程旅行网对团队游进行了品质提升，推出了"透明团"产品，其中包括购物店信息事先披露，推荐自费项目提早公布，酒店住宿信息全公开，提供景点行程、游玩时间详细说明等相关内容，进一步体现了旅游电子商务的优势。2017 年 6 月，携程旅行网发布了跟团游新等级标准，以及精品品牌"臻品游"，废除了原有的"2 钻"等级，重新设立"3 钻""4 钻""5 钻"产品与服务标准。跟原来报团旅游不同，现在用户在携程网上预订度假产品，可以对号入座，非常方便地根据钻级、价格等进行产品选择。

4. 信息服务的创新

旅游电子商务服务在很大程度上是一种虚拟产品，信息是否对称对其交易的成功具有决定性作用。这方面，携程旅行网给出了大量的旅游信息和商业报价，还给出了各产品的明确价格、优惠情况等，努力实现信息对称。同时，携程旅行网开设了酒店点评和目的地探索等功能，将旅游信息的整合提升到新的高度。携程旅行网还在业内首创推出了房态实时控制和推荐系统（E-Booking 系统），这个类似于 GDS（全球分销系统）的酒店分销系统，不仅方便了酒店与携程之间的实时信息沟通，也让客户的操作成本大幅下降。

在客户服务方面，携程旅行网围绕呼叫中心，通过先进的管理和控制体系，将服务过程分割成多个环节，以具体指标控制不同环节，建立了一套测评体系，通过平衡计分卡、六西格玛体系等科学管理方法，为会员提供更加便捷和高效的服务。

5. 营销模式的创新

携程旅行网在营销模式上也引领着整个行业的发展。

第一，免费会员卡的发放。在发展初期，携程旅行网最为重要的营销策略并非依托网络，而是把免费派发会员卡这种终端拦截式的销售方式发挥到了极致。实际上，在携程旅行网之前，已经有多家订房中心通过会员卡进行市场推广，不过都实行收费制，而携程旅行网则尝试免费发放的方式。通过大规模派发携程会员卡，携程旅行网得以快速占领市场，聚拢更多的用户，获得更高的订房量和更多的佣金。可以说，发放携程会员卡成为日后携程旅行网取得成功的重要组成部分，也成为日后整个酒店预订行业通用的模式和旅游电子商务企业的重要营销方式。

第二，异业合作营销的开展。携程旅行网的合作伙伴较多，覆盖国内外众多星级酒店及著名酒店管理集团、海内外知名旅行社、国内外知名航空公司、国内著名电信集团、国内外知名银行及保险公司及无线网络开发商等，为合作业务的顺利进行提供了保障。携程旅行网通过与航空公司、银行及其他著名企业进行联名卡的发售，相互促进，实现互利。例如，通过联合交通银行及美国友邦保险，携程旅行网推出了集信用卡、旅行消费和人身保险于一体的太平洋携程联名信用卡——旅行通。从个人信用卡到公务信用卡，携程旅行网在银行卡合作方面不断开拓与创新，在方便买家的同时，也为旅游行业的异业合作树立了典范，成为旅游电子商务企业的重要合作模式。

▌ 思考：

1. 携程旅行网的创新之处有哪些？
2. 携程旅行网对传统旅游企业有何启示？

11.3 米莉雅：女裤企业的跨界创新

▌ 11.3.1 米莉雅公司简介

近年来，传统服装产业一直面临着艰难的生存环境：竞争压力、劳动力成本增加、原材料价格上涨……这都使得原本利润微薄的服装制造企业步履维艰。高库存积压、恶性压价竞争、私营企业主携款私逃等负面新闻常常见诸报端。然而，也有一些先知先觉的企业借助电子商务平台找到了新的突破点，浙江杭州的米莉雅服装有限公司就是其中之一。作为电子商务新兵，专注于女裤行业的米莉雅仅用短短一年半的时间就从零增长做到了月销售额近 300 万元，迅速跻身网络女裤的第一阵营，回访率和回购率比其他同类商家平均高出 30%。米莉雅的成功并非偶然，它将线下的制造优势完美嫁接到线上电子商务上，内外兼修进而融会贯通成就了其亮丽的成绩单。

11.3.2 双管齐下、相得益彰的跨界经营

米莉雅的创立者余荣恕是地地道道的温州商人，有着敏锐的商业嗅觉和坚毅的实干精神。2004 年，他在杭州创立了索野服饰有限公司，主推都市米兰女裤品牌，在经营米莉雅之前已经在线下女裤行业深耕近十年。随着行业内越来越多的企业开始进军电子商务，余荣恕也在思考是否要跨界进入电子商务领域。

按照参与深度划分，传统企业向线上发展主要有三种模式：一是渠道拓展模式，将线上业务作为自己另一个产品销售渠道，保守一些的企业仅将尾货拿到网上销售，深入一些的企业则会把主力产品也列入销售范围；二是新建品牌模式，采用双品牌甚至多品牌运营策略，线下的业务正常开展，在线上创立新的品牌（一个或多个），线上和线下的品牌在买家群体上往往有所区别；三是完全转型模式，即放弃线下业务，完全转型为线上电子商务企业。以上三种方式各有优劣，具体比较如表 11-1 所示。

表11-1 传统企业线上发展模式对比

模式名称 比较项目	渠道拓展模式	新建品牌模式	完全转型模式
难度	较低	中等	最高，往往因缺乏互联网基因而失败
风险	较低	中等	最大
渠道管理难度	较高，常出现渠道利益冲突	中等，需同时具备传统与电子商务渠道的管理能力	较低
运营成本	较低	较高，需同时维护多个品牌	较低

很多企业为规避风险往往选择渠道拓展模式，但其中一个重要陷阱是线上和线下渠道可能会产生激烈冲突，处理不当甚至会危及线下渠道的生存。余荣恕不愿意放弃经营多年的线下业务，因为线下业务依然能够带来稳定的利润，而且过去十年渠道建设的投入成本较高，已经形成了非常成熟的分销网络。此外，余荣恕对线下品牌都市米兰能否在线上获得成功并不确定。该品牌虽然已经是央视上榜品牌，但其目标市场是 30 岁以上的女性，产品款式偏向成熟典雅，而网购人群的年龄普遍偏年轻，往往并不是都市米兰的老用户，网上市场可能还需重新培养。

最终，余荣恕选择了新建品牌模式，于 2013 年在天猫新创了米莉雅作为线下品牌都市米兰的姊妹品牌，但二者均独立运作。与都市米兰不同，米莉雅的目标市场是 30 岁以下年轻活力的白领、学生一族。余荣恕双管齐下的策略虽然在一定程度上增加了品牌运营成本，但避免了单品牌双渠道运营可能导致的渠道冲突，在保证企业存量的基础上又带来了新的增量。

　　余荣恕新建品牌模式的线上发展路径收到了奇效，米莉雅的运营模式初步形成，如图 11-1 所示，线上线下两个品牌相得益彰。首先，米莉雅在经营初期需要借助天猫中直通车、聚划算等营销工具进行推广，需要较多费用，余荣恕就从双品牌统筹发展的角度通过都市米兰向米莉雅输血，使其在资金方面有强大的后盾；其次，都市米兰线下长年积累的制造优势，如全面的质量管理体系、成本控制方法等都被完美嫁接到米莉雅，这是米莉雅短时间内就实现爆发的根基。最后，米莉雅也为都市米兰线下的多余产能和产品提供了新的销售渠道，使得都市米兰的发展更具弹性。随着米莉雅经营规模的不断扩大，其与都市米兰的协同作用更加明显。

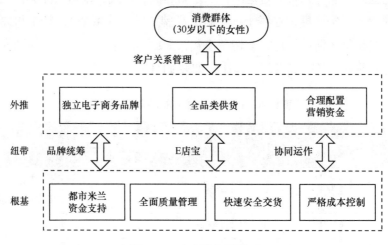

图11-1　米莉雅运营模式

11.3.3　如琢如磨、精益求精的线下内功

　　米莉雅运营模式的特色之一是继承了线下生产精益求精的运营管理理念，练就了扎实的内功，这成为米莉雅崛起的根基。每个企业都有自己的文化与传统，余荣恕在创业初期就定下了"一群人，一辈子，一件事"的宗旨，力求将女裤做到极致。公司在女裤制作工艺上一直不断进步，成为周边企业争相学习的对象。

1. 全面质量管理

　　华硕总经理徐世明曾指出，全世界没有一个质量差、只靠价格低的产品能够长久地存活下来。米莉雅一直将质量看作其生命线，并运用全面质量管理的理念进行质量控制。全面质量管理提倡源头质量控制，认为事后检验将导致大量的鉴定检验成本和故障成本，所以应从源头减少质量问题的产生。一方面，米莉雅所选用面料的品质均高于市面上的平均水平。以棉布为例，米莉雅选择 25 元 / 米左右的优质材料，通过人工质检严格控制质量，远远优于同类企业使用的 10 元 / 米左右的一般棉布。另一方面，在辅料选择上，米莉雅尤为谨慎，特别是拉链、纽扣等关键配件更是重金采用日本进口金属，延长了配件的使用寿命，明显降低了后期维修和返工的概率。

全面质量管理强调在生产过程中控制产品质量，正如质量管理大师戴明所说，产品质量是生产出来的，不是检验出来的。米莉雅将这一理念融入生产中，无论是打板、缝制还是包装，每一环节都借助鱼骨图、帕累托图、统计过程控制等工具和方法，不断提升产品质量。

此外，米莉雅已经摆脱了"好的产品质量就是产品无缺陷"的陈旧观念，接受了将产品性能、特征、美观等维度纳入质量内涵的现代质量观。以美观为例，米莉雅不惜"血本"，使用彩盒包装（见图 11-2）。淡雅脱俗的薰衣草紫能够瞬间引起买家的好感并传达出卖家的诚意提升产品档次。

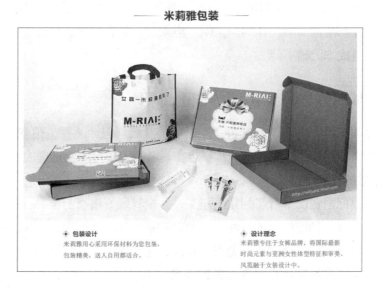

图11-2｜米莉雅的包装设计

2. 快速安全交货

海尔集团的张瑞敏曾指出，除了产品质量的竞争外，一个拥有众多忠实买家的企业必然会在竞争中取得优势。要得到绝大多数买家的认可，除了产品质量过硬外，快速安全地交货已经成为电子商务领域获得买家青睐的关键。为了让交货时间比买家预期还要短，并保证货物安全，米莉雅选择顺丰速运作为物流服务供应商，16:00 前的订单当天发货，力求商品能够及时、完好无损地送至买家手中，提高买家的好评率。

选择正确的物流服务供应商只保证了外向物流的速度，如果不能及时生产出买家需要的产品也是枉然。米莉雅所依托的索野服饰有限公司本身就有很强的生产能力，而索野服饰有限公司所在的米兰国际工业园拥有更为强大的生产能力。工业园现有五家企业，年产400 多万条女裤。索野服饰有限公司与其他企业保持着良好的合作关系，在生产上经常互相支持与协作。每年"双 11"期间，当其他商家为铺货焦头烂额时，米莉雅却略显悠闲，这是因为多源供应商的鼎力相助保证了米莉雅的订单能够及时完成。

3．严格成本控制

质量高、速度快与低成本往往是矛盾的。例如，ZARA 的服装虽然交货速度快，但价格并不是太亲民；格力的空调质量高，价格比同行也要高一截。米莉雅使用了几乎两倍于平均价格的面料、辅料、包装，引入顺丰的物流也使得运输成本居高不下，但其单件价格却出人意料地追随主流，关键因素是其独特的成本控制法。米兰国际工业园中的五家企业虽然各有自独立的品牌和生产车间，但食堂、员工宿舍等后勤设施都是共用的。这种特别的模式有两大优点：一是最大程度降低了企业的运营成本。集设计、生产、销售于一体的米兰国际工业园现有员工两万多名，如此庞大的规模巧妙地分摊了管理费用、行政费用、市场营销费用、工程技术支持费用和信息技术费用等。二是极大降低了企业的供应链成本。由于五家企业都生产女裤，任何一家供不应求时，都有坚强的后盾支持，产能共享使得米莉雅的供应链成本大幅下降。

▌11.3.4　投其所好、声东击西的线上奇招

卓越的产品质量为米莉雅的崛起打下了坚实的基础。但"酒香也怕巷子深"，如果没有线上电子商务平台的成功运营，米莉雅很难在短时间内获得如此迅速的成长。

1．定位精准的品牌塑造

米莉雅对其目标消费群进行了细致的研究，并投其所好精准定位。首先，目标消费群偏爱多变时尚的款式、轻松休闲的搭配，米莉雅的基调就以此而定，其天猫旗舰店整体视觉明亮轻快，多以糖果色、冰激凌色为主。其次，这类网络买家价格敏感度很高，据艾瑞咨询数据显示，价格是网购用户考虑的关键因素，比例占到 70.3%，所以米莉雅的平均件单价为亲民的 110 元 / 条。最后，网络渠道对服务的要求更高，客服质量直接影响产品的美誉度。米莉雅经过训练，拥有多名专业客服，他们的回复时间严格控制在 12 秒内，旺旺转化率高出行业平均水准 30% 左右。

2．匠心独具的营销策略

米莉雅面临的营销难点主要是营销预算与产品特点之间的矛盾。一方面，米莉雅作为初创期的品牌，收益不高，虽然有线下实体企业的支撑，但营销预算依然受限；另一方面，女裤产品的特点是品类及款式繁多，营销要求有很大的资金投入。因此，如果将本来就有限的营销费用平均使用，无疑像撒胡椒面，不仅捉襟见肘而且可能效果不彰。

为解决上述问题，米莉雅在营销策略上煞费苦心。作为新晋品牌，要让买家最大限度地认识自己，米莉雅不得不在女裤的所有细分品类上供货，将产品线做深。不过，米莉雅也巧妙地运用了"二八"原则，极大地提升了营销资金的使用效率。具体做法是，把店内的货品分为两大类：20% 的形象款用以打造店铺人气，80% 的常规款用以赚取利润，颇有

声东击西之妙。这 80% 的常规款又可分为三类：20% 的超高性价比商品属于引流款（A类）；20% 的高性价比商品属于简单款（B 类）；40% 的特色商品属于利润款（C 类）。

营销活动会契合不同类别的商品有针对性地开展。A 类商品通常会上直通车或者钻石展位，B 类商品是聚划算的常客，而 C 类商品的促销力度更大，是吸引老客户的法宝。一般而言，商品的日常价格不会变动，只有在大促销时才有部分折扣，降价的幅度与商品的受欢迎度成反比，特有的活动专供款则多半是下一季度的新品，在增加收益的同时也完成了测款的工作，可谓一石二鸟。以聚划算为例，米莉雅从最初的每三个月一场商品团到如今每个月三场的厂家直供团，不仅扩大了促销规模和力度，也节约了不少营销费用。

米莉雅深知，在自身产品质量得到保障的前提下，吸引老客户购买比发展一位新客户的营销成本会低很多，因此在老客户的维护上下足了功夫。米莉雅现有老客户 12 万，这些"米粒"享有 VIP 福利，分为小米粒、金米粒、白金米和钻石米四个级别。只要单笔交易成功就能成为米莉雅会员，累计交易成功 88 笔之后就能成为最高级别的钻石米，享受会员 6 折折扣和永久免邮等一系列优惠措施。同时，微淘社区里关于裤装搭配和服饰挑选的话题不断，也为老客户提供了不少便利。卓越的客户关系管理，使得米莉雅可以借助成本很低的口碑营销来不断吸引更多的客户，以扩大消费群体的规模。

▌ 思考：

1. 米莉雅女裤的创新之处有哪些？
2. 米莉雅对传统服装企业有何启示？

 # 11.4　拓展案例

韩都衣舍：走近柔性供应链

韩都衣舍电子商务集团股份有限公司（以下简称韩都衣舍）是中国最大的互联网品牌生态运营集团之一。韩都衣舍品牌创立于 2008 年，公司主要从事自有品牌互联网快时尚服饰的销售，同时为其他品牌提供电子商务销售运营服务。经过十多年的发展，韩都衣舍通过内部孵化、合资合作及代运营等，已经拥有 20 个自有品牌，其中 18 个是从零开始孵化的自有品牌，2 个为合资品牌。韩都衣舍的产品包括韩风系、欧美系、东方系等主流风格。此外，韩都衣舍提供的电子商务服务包括品牌推广、产品运营、摄影及客服、仓储供应链等相关服务。截至 2018 年，韩都衣舍已经连续 5 年获得天猫"双 11"互联网服饰品牌销售冠军。

韩都衣舍的商业模式借鉴了国际知名快时尚巨头 ZARA 的买手制，创造了"以产品小组为核心的单品全程运营体系"。韩都衣舍实施"多款、少量、快速"的产品管理模式，并与电子商务运营平台相融合，基于公司电子商务信息系统的支持，快速、高效地通过 B2C 及 "B2B-B2C" 的模式向买家提供生活时尚解决方案，从而实现盈利。韩都衣舍的优势主要体现在柔性供应链方面。由于 "快时尚" 类服饰的核心竞争力在于款式多、更新速度快及对成本的控制，韩都衣舍的 "快时尚" 产品定位决定其供应链系统必须敏捷、灵活、快速反应，并且能控制产品质量及产品成本。韩都衣舍逐步建立了 "多款式、小批量、多批次" 及快速反应的供应链系统，保持了对市场快速、灵活的反应，同时降低了公司高库存的风险，提高了公司的核心竞争力。

1. 柔性供应链的主要构成

韩都衣舍生产、制造采取外协方式，外协生产采取的是代工生产（OEM）方式。为了将快时尚产品生命周期做到极致，韩都衣舍面向供应商提出了 "小数量、多批次、多款式" 的订单生产要求。每个 "产品小组" 根据企划部对公司产品的定位，设计服装的具体款式及结构，公司根据产品的设计款式进行服装的结构设计，生产中心根据产品小组设计的服装款式及服装的结构设计以 "多款、少量" 原则向供应商下单，供应商在公司确定的面料生产商范围内采购相关服装面料并与面料生产商直接结算，供应商将相关产品加工完成后，公司按照一定的价格从供应商处买断。韩都衣舍生产中心根据多家供应商的询价结果及市场价格情况确定合适的供应商，在价格的确定上，公司会根据面料成本、辅料成本、运输成本、加工成本、其他特殊费用及供应商的利润采用成本加成的方法核定出外协产品生产单价。

2. 柔性供应链的运行逻辑

传统服装企业由于产品开发周期长，一般实行反季节生产的模式，夏季生产冬季服装，冬季生产夏季服装，从而导致企业对市场的反应迟钝，极易因为市场需求变化而造成库存积压。针对这一问题，韩都衣舍配合 "单品全程运营体系" 的销售特点，建立了以 "多款少量、快速返单" 为核心的柔性供应链体系，在向生产厂商下订单时采用多款式、小批量、多批次方式，以便快速对市场做出反应，避免高库存风险。

为降低风险，韩都衣舍将产品小组的初始资金额度设置为 2 万 ~ 5 万元，下月的使用额度为本月销售额的 70%，期间产生的库存积压由小组来承担，因此产品小组会将新产品的订单量设置为计划量的 30%，一般为 200 ~ 300 件，单品价格较高的款式订单量为 20 ~ 50 件。

同时，韩都衣舍建立了一套系统的数据模型，每款新产品上架 15 天后即将产品划分为 "爆" "旺" "平" "滞" 四类。爆款和旺款可以返单，一般为几千件左右，平款和滞款则必须在旺销时间立即打折促销。产品小组则根据相应指标来判断下一轮生产的订单量。一般来说，夏季服装销量为一年中最高，韩都衣舍夏季产品中约有 40% 能够返单，少则返 2 ~ 3 单，多则返 7 ~ 8 单，最多可达到返 11 单。

为保证效率，韩都衣舍要求供应商适应 "快反应" 的柔性供应链模式，并建立了供应商分级动态管理系统，包括供应商准入机制、供应商绩效评估和激励机制、供应商分级认证机制、供应商升降级调整机制和供应商等级内订单调整机制。从供应商的遴选、分级、合作模式、绩效测评、订单激励和退出等方面进行严格的动态管理。

3. 柔性供应链的建设过程

互联网品牌对供应链的需求，是基于用户需求产生的。因此，韩都衣舍产品的特点就是款多、量少；其产品不论是风格还是款式，都有足够的宽度。但是，服装加工业是为满足大批量生产而设计，其利润产生模式与互联网品牌相冲突。这种冲突表现在，一是订单量小，效率低；二是面料、辅料无法满足起定量，采购成本高。

韩都衣舍的供应链建设可以追溯到 2009 年，公司的供应链分为三个阶段：第一阶段，2009—2010 年，为满足基本销售需求而不停地开发供应商，处于基础的供应商团队搭建阶段；第二阶段，2010—2011 年，供应商团队诞生，通过互联网品牌的优势，以需定产，拉动供应链快速返单；第三阶段，2011—2013 年，产品为王被摆上桌面，任何战术的确立都不能以牺牲品质作为代价。

从 2013 年开始，韩都衣舍着力打造四个维度的柔性供应链改造计划，并循序渐进。第一，以大数据采集、分析、应用为核心，完善软件研发和基础硬件设施，增强管理的精准度和时效性。第二，确立"优质资源产原地、类目专攻"的供应链布局战略。第三，与产原地供应商联手，模块化切分生产流程的资源配置，并重组服装加工业的组织架构。第四，扩大柔性供应链的服务外延。

到 2015 年"双 11"，韩都衣舍的柔性供应链基本建成，成为日后韩都衣舍生态运营商的重要组成部分。韩都衣舍以大数据为驱动，通过以"爆旺平滞"算法为驱动的 C2B 运营模式，来指导产品集成研发，通过 HSCM（韩都衣舍供应链系统）确定面料辅料，通过 HSRM（韩都衣舍供应商协同系统）进行端对端的订单分配，通过 HOMS（韩都衣舍订单处理系统）来确定上新节奏，通过 HWNS（韩都衣舍仓储管理系统）来确定返单。到 2018 年"双 11"，韩都衣舍的柔性供应链已经拥有精确的大数据管理能力，在订单处理和供应链管理方面具备了核心竞争力。

▍思考：

1. 韩都衣舍在供应链方面有何特色？
2. 韩都衣舍能够成为互联网服饰领导品牌的原因有哪些？

本章总结

　　创新是电子商务企业健康发展的活力源泉。我国电子商务已经进入密集创新和全面创新的新阶段，无论是在商业模式，还是在服务内容上。电子商务企业要真正从服务概念创新、买家接触界面创新、服务传递系统创新和技术创新等维度出发，寻找创新点。在当前电子商务行业快速发展、结构剧烈调整的阶段，电子商务企业应始终把"创新"作为发展主题和活力之源。电子商务企业的创新要尊重行业发展规律，密切关注新的发展动向，从电子商务发展的大趋势中寻找转型创新的新途径。

课后练习

1. 如何理解电子商务企业的创新？
2. 从网上搜索有代表性的美食电子商务企业，并总结其创新之处。
3. 你认为电子商务企业应该如何创新发展？